Georg Meckhart

Gründliche und kurze Widerlegung etlicher gemeiner Gegenwürff

der Papisten

Georg Meckhart

Gründliche und kurze Widerlegung etlicher gemeiner Gegenwürff der Papisten

ISBN/EAN: 9783743602168

Hergestellt in Europa, USA, Kanada, Australien, Japan

Cover: Foto ©ninafisch / pixelio.de

Weitere Bücher finden Sie auf **www.hansebooks.com**

Grundtliche vnd kurtze
Widerlegung/
Ettlicher gemeiner
Gegenwürff der Papisten/ mit wöl-
chen sie jhre Jrrthumb wöllen verthedingen/ vnd
hergegen die vralte Catholische Religion/ so in der
Augspurgischen Confession begriffen/ für falsch
vnd jrrig außschreien/

Durch

M. Georg Meckhart/ Diener der
Euangelischen Kirchen in Augspurg bey S. Vlrich.

Mit einer Vorred Herrn D. Ja-
cobi Andree/ ꝛc.

Inhalt diser Bäpstischen Gegenwürff/
würdt am nachuolgenden Blat
verzeichnet/ꝛc.

Getruckt zu Tübingen/ bey
Georg Gruppenbach.
1 5 7 4.

Grundtliche vnd kurtze
Widerlegung/
Ettlicher gemeiner
Gegenwürff der Papisten / mit wölchen sie jhre Jrrthumb wöllen verthedingen/vnd
hergegen die vralte Catholische Religion/ so in der
Augspurgischen Confession begriffen/für falsch
vnd jrrig außschreien/

Durch

M. Georg Meckhart/Diener der
Euangelischen Kirchen in Augspurg bey S. Vlrich.

Mit einer Vorred Herrn D. Ja-
cobi Andree/ ıc.

Inhalt diser Bäpstischen Gegenwürff/
würdt am nachuolgenden Blat
verzeichnet/ıc.

Getruckt zů Tübingen / bey
Georg Gruppenbach.
1 5 7 4.

Inhalt der Bäpstischen gegenwurff/ so in disem Buch widerlegt werden.

I. Gegenwurff.

Jr Lutherischen zeiget vns an / wa ewer Kirch vnnd Lehr gewesen sey / vor hundert oder zweihundert jaren/weil die Catholische Kirch allzeit geweret hat/ vnd noch weren solle biß an das end der Welt:

II. Gegenwurff.

Wir Catholischen kinden vnser Lehr beweisen/ durch ein ordenliche Succession / da ye ein Bapst dem andern auff dem Stůl zů Rom/den Gwalt/ Satzungen vnnd Lehr der Kirchen an die Hand gegeben hat / daß kündet jhr Lutherischen nicht thůn.

III. Gegenwurff.

Die rechte warhafftige Kirch ist ein Catholische/ das ist/ Allgemeine Kirch / so an allen orten in einigkeit deß Geists vnd Glaubens außgebreitet ist. Diß aber kan allein zůgelegt werden der Römischen Kirchen / die an allen orten gefunden würde.

IIII. Gegenwurff.

Paulus in seiner Epistel an die Römer lobt die Römischen Kirchen / vnd zeigt an / daß jhr Glaub an allen orten der Welt gepriesen werde. Dieweil

Inhalt der Bäpstischen
nun wir auch deß Römischen Glaubens seind/was
zeihen sich dann die Lutherischen / daß sie von der
Römischen Kirchen abfallen?

V. Gegenwurff.

Alle heilige Märterer haben sich zu der Römischen Kirchen gehalten/vnd sie für die Braut Christi erkannt/ wie solches Jreneus vnnd Cyprianus bekennen: Ja auch alle Bäpst/ von Petro an biß auff Sylvestrum/so im 314. jar gelebt/seind Märterer worden vmb Christi vnd seines Worts willen.

VI. Gegenwurff.

Alle alte Christliche Lehrer haben sich zu der Römischen Kirchen gehalten/ als Hieronymus/ wölcher sich darumb mit der Kirchen zu Rom vereiniget / dieweil auff dem Stul Petri / als auff eim Felsen die Kirch erbawet sey. Desselben gleichen auch Augustinus vermeldet ettlich vrsachen/ als nemlich die einigkeit/groß ansehen/Sitz Petri/vnd den Namē Catholisch/durch wölche er bey der Römischen Kirchen erhalten werde: Also auch Bernhardus vnd Epiphanius/ die rhumen die Römisch Kirch als ein Mutter aller Kirchen/ ein Wurtzel der weißheit/ vnd pflantzung deß Glaubens/wölche nicht werde zergehn.

VII. Gegenwurff.

Jr Lutherischen lehren/ daß die Tauff im Bapstumb recht sey/ derwegen kein Kind solle wider getaufft werden/ sonder bey der empfangnen Tauff
bleiben.

Gegenwůrff.

bleiben. So můß folgen/daß vnser Kirch/die rechte Catholische Kirch sey/die mit rechten Sacramenten versehen ist.

VIII. Gegenwurff.

Ich bleib bey dem alten Glauben/laß euch Lutherischen den newen.

IX. Gegenwurff.

Wann alle die verdampt weren/ wölche nicht Lutherisch gewesen seind/ so müssen vnsere Eltern vnd Vorfahren/ als fromme Leut/auch verdampt sein: das wöll Gott nicht/ꝛc.

X. Gegenwurff.

Wer will zů der Lutherischen Sect tretten/weil sie doch selbst nicht eins seind/ vnd stehtigs mit einander zancken?

XI. Gegenwurff.

Hat doch M. Lutherus selbst dem Bapstumb beyfahl gethon/das Fegfewr/anruffung der Heiligen/ Gehorsam gegen dem Bapst/ siben Sacramenta/ eine gestalt deß Sacraments zůgelassen/ wie wir in seinen Schrifften/ solches zubeweren vrbittig sein.

XII. Gegenwurff.

Die Lutherischen schreien vil von der Bibel vnd heiligen Schrifft/ so sie doch ein Bibel haben/ wölche vom Luthero verfelscht worden/ wie Staphy-

Inhalt der Bäpſtiſchen
los vnnd andere gnůgſam bewiſen haben.

XIII. Gegenwurff.

Der heilig Geiſt hat der Catholiſchen Kirchen/ nach der verheiſſung Chriſti (Joan. 16.) vil geoffenbaret/ wölches in der heiligen Schrifft nicht würdt begriffen/ vnd dannoch ſolle geglaubt werden: Daß nicht alles darinn verfaſſet iſt/ ſo zů vnſer Seelen heyl notwendig. Es wurde vbel zůgehn/ wann nichts war wer/ dann was in der heiligen Schriffte ſtůnde.

XIIII. Gegenwurff.

Die Chriſtlich Kirch kan nicht jrren/ dann ſie hat Gwalt zůordnen nach gůtbuncken/ vnnd man iſt jhr ſchuldig zůgehorſamen. Dann wer auſſer der Kirchen iſt/ der kan kein Heil bekummen/ wie zů der zeit alle die/ ſo auſſer dem Kaſten Noe waren/ můſten erſauffen.

XV. Gegenwurff.

Man můß das Kind nicht mit dem Bad außſchitten/ ob ſchon ettlich Mängel vnd Fehl möchten im Bapſtumb erfunden werden/ můß man darumb nicht alles verwerffen.

XVI. Gegenwurff.

Die Lutheriſchen haben kein recht Sacrament/ dann jhre Diener kinden nicht conſecrieren/ ſie ſeind nicht recht ordiniert vnd geweicht worden.

XVII. Gegen-

Gegenwůrff.

XVII. Gegenwurff.

Die alten Vätter gelten nichts bey den Lutherischen/ sie wöllen jmmerdar klieger sein dann die Alten.

XVIII. Gegenwurff.

Die Lutherischen halten kein Ordnung/ daß sie zů einer zeit Fisch/vnd zur anderen Fleisch essen/ damit es nicht alles zumal auffgebe/ sie mögen jhnen kein abbruch thůn mit Fasten/ sonder es muß jhnen alles frey sein/vnd jhr vnordnung muß ein Christliche Freiheit sein.

XIX. Gegenwurff.

Die Lutherischen machen ein rohloß Volck/ weil sie die gůtten Werck verbietten/ vnnd singen in jren Psalmen: Es ist vmb vnser thůn verloren/ verdienen nichts dann eittel zorn. Item die Werck die gelten nimmermer/ sie künden vns nicht behütten/ ꝛc.

XX. Gegenwurff.

Die Lutherischen Predicanten haben ein groß Geschrey wider das Bapstumb/ Warumb seind sie nicht auff das Concilium gehn Trient zogen/ vnnd da sich verantwurtet/ oder den Bapst anklagt?

XXI. Gegenwurff.

Jr Lutherischen erfaret/ daß jhr weder Glück noch Heil habt/ es gehen ewere Sachen alle den
Krebsgang

Inhalt der Bäpstischen Krebsgang/ darauß jhr billich erkennen sole/ daß euch Gott zuwider sey. Hat man nicht vnder dem Bapstumb güten Frid/ wolfeile zeit/ vñ ein rüwigs Leben gehapt: wölches sich verloren hat/ nachdem die Lutherische Sect entstanden.

XXII. Gegenwurff.

Es befindt sich in der erfarung/ daß die Lutherische Lehr ein auffrürische Lehr ist/ die allerley Krieg vnd Empörung erregt/ vnd treibt die Vnderthonen zü vngehorsam gegen jhrer Oberkeit.

XXIII. Gegenwurff.

Man solle keim Lutherischen Ketzer Glauben halten.

XXIIII Gegenwurff.

Was man in gütter meinung Gott zü ehren thüt/ solt das vnrecht sein? Wann schon ettlich Gotsdienst/ so von menschen gütter Meinung verricht werden/ nit nutz weren/ wie die Lutherischen fürgeben/ so zeigen sie mir an/ was sie für schaden bringen?

XXV. Gegenwurff.

Wir wöllen als wol durch Christum seelig werden/ als jhr Lutherischen vermeint seelig zuwerden. Dann wir wissen auch/ daß Christus für vns gelitten hat vnd gestorben ist/ allein solle dem menschen durch Glauben vnd gütte Werck solcher verdienst zugeeignet vnd appliciert werden.

XXVI. Gegen

Gegenwůrff.

XXVI. Gegenwurff.

Wann alle ewere Predicanten zůsamen theten/ so köndten sie nicht Teuffel außtreiben/ als vnsere Pfaffen vnd Jesuiten gethon haben.

XXVII. Gegenwurff.

Jhr Lutherischen/berůfft euch stebtigs auff die heiligen Schrifft/ vnnd verlasset darüber der Kirchen Satzungen. Ist doch die Kirch vor der heiligē Schrifft gewesen.

XXVIII. Gegenwurff.

Wañ ein Papist wolte abfallen von seiner Lehr/ wie müßte er sich halten / dann da befinden sich Zwinglische/Lutherische/ Schwenckfeldische / Widertäuffer/ vnnd andere Rotten vnnd Secten / die rhůmen sich alle der Warheit / vnnd ein jede gebraucht sich Gottes Worts/ zů wölcher Sect müßt er tretten?

XXIX. Gegenwurff.

Was schreiet jhr vil von der Augspurgischen Confession/so von einer Person/Philippus Melanchthon genannt/ist gestelt/vnd hernach verfelscht worden/vñ beruffen sich die Zwinglische/ als die zů Heydelberg/gleich als wol darauff/als jhr Lutherischen/ was solle man daruon halten?

)()(XXX. Ge-

Inhalt der Bäpstischen Gegenwürff.

XXX. Gegenwurff.

Ich möcht wol wissen/ was die Lutherische vom Aydschwůr hielten/ dieweil sie sich wegern bey Gott vnnd allen Heiligen zuschwören: Es dunckt mich immerdar/ es stecke noch ein Gartenbrůderischer Geist in jhnen.

XXXI.

Ein kurtzer vnd Christenlicher bericht/ warumb ein Lay das Hochwirdige Sacrament des Altars/ zů allen zeitten vnder beiden Gestalten/ begeren vnd empfahen solle/ sampt widerlegung etlicher Gegenwůrff.

Den wolgebornen vñ

Edlen Herrn / Herrn Joachim vñ Vlrichen / Graffen zů Ortrenburg / meinen
gnädigen Herren /

Gnad vnd frid / von Gott dem Vatter / durch Christum
vnsern einigen Heiland.

Wolgeborne Gnädige Herrn / nachdem ausserhalb der Kirchen Christi / kein Heil zusůchen ist / so bezeugt die erfarenheit / daß sich alle Rotten vnnd Secten / der waren Kirchen rhůme / vñ mit solchem Namen vñ Tittel / jre grewliche Jrthumb beschönen wöllen. Jnsonderheit aber / die Papisten / wölche mit grossem Geschrey pflegen zurhůmen / wie sie die Catholische Kirch seien / nicht anderst als zur zeit Hieremie / da sie schrien: Templum Domini. Jtem: Hie ist der Tempel des Herren. Daß aber die Papisten nicht die ware Apostolische vnnd rechte Catholische Kirch seien / vnnd den Namen ohne die That fieren / kan leichtlich vñ mit güttem Grund bewert werden / fürnemlich / weil sie den Apostolischen vñ Christlichen Glauben nicht haben / wölcher

Vorred.

cher Glaub/ist ein gewiß Malzeichen der waren Kirchē/der sich vest verlasset auff Gottes Wort/ vnnd würdt in der Epistel an die Hebreer Cap.11. dermassen beschriben/daß er sey ein gewisse züuersicht/deß/das zuhoffen ist/vnnd zweiffle nicht an dem/so man nicht sihet. Nun befindt sichs in der Warheit/daß die Papisten mit Gewalt bestehtigen/daß der Mensch zweifflen solle an der Genaden Gottes/vñ der verzeihung der Sünden/ Can.14. wie dann die Wort des Canonis im Trientischen Concilio lautten: So jemandt sagen wirde/ daß der Mensch von den Sünden loß vnd ledig/vnd gerecht werde/darumb/daß er für gewiß glaubt/daß er sey von seinen Sünden erlediget/vñ gerecht worden/oder daß niemandt warhafftig gerecht worden sey/dann allein der/so da glaubt/daß er gerechtfertiget sey/vnd daß durch disen Glauben/allein die Absolution vñ Rechtfertigung vollendet werde/der sey verflucht.

Mit wölcher Lehr sie vmbstossen/die ermanung

Vorred.

nung Christi/ da er spricht: Wer da glaubt/ Joan.3.
der würdt selig/ wer aber nicht glaubt/
ist verdampt.

Sie verdammen mit jhrem Canone die liebe
Aposteln/vnd insonderheit Paulum/ wölcher an
die Römer im 8. Cap. also schreibt: Ich bin Rom.8.
gewiß/ daß vns nichts kan abscheiden
von der liebe Gottes/die in Christo Jesu ist. Item/ Sie verleugnen auch den Artickel
des Glaubens/da wir bekennen: Ich glaub
ein vergebung der Sünd/ das ist/ ich setz
mein Hertz vnd vertrawen auff Christum/ so für
mich vnder Pontio Pilato gelitten hat/ vnnd gestorben ist/vnnd zweiffle nicht/ daß ich durch disen
meinen Seligmacher hab vergebung der Sünd/
vnd nach disem ein ewiges vnnd seligs leben. Sie
schwechen die Mittel/als vil an jhnen ist/ wölche
Gott zů sterckung des Glaubens verordnet hat/
als die Hochwürdige Sacrament/ vnd den trost
der Absolution/ dardurch der zweiffel von vergebung der Sünd abgeschaffet würdt. Sie hinderen auch mit solcher Lehr vom zweiffel/ das recht
Gebett/ von wölchem Jacobus in seiner Epistel

)( )(3   schreibt:

schreibt: Man bitte im Glauben/ vnnd
zweiffle nicht/ dann der da zweifflet/ ist
gleich wie die Meerswage / die vom
Wind getriben würdt/ solcher gedenck
nicht/ daß er etwas von dem Herzen
empfahen werde: Ein zweiffeler ist vn-
bestendig in allen seinen Wegen. Wiewol sie aber die Sprüch auß der heilige Schrifft
anziehen/ in wölchen wir zur Forcht Gottes/ vnd
zur bestendigkeit ermanet werden/ so künden sie
dannoch nicht probieren/ daß die kindtliche Forcht/
daruon Paulus redt zun Römern am 8. cap. auß
vnglauben herkomme. Dann ob wir schon haben
vns wol fürzusehen/ daß wir Gottsfürchtig vnd
bestendig in der Warheit bleiben/ so würdt darumb nicht bestetiget der Zweiffel von den Gnaden Gottes. Dann eben darumb/ daß wir vnser
Hertz vnd vertrawen zu Gott setzen/ so wandeln
wir in der Forcht Gottes/ vnnd wer da steht/ der
sicht sich für/ daß er nit falle/ das ist/ er gebraucht
sich der Christlichen Mittel / als das Gebett/
das Gehör Göttlichs Worts/ vnnd der heiligen
Sacramente/ auff daß er also im Glauben fest/
vnd

Vorred.

vnnd in der Bekanntnuß bestendig möge biß an das ende verharren. Es solle auch weit vnderscheiden werden/die vermessenheit/vñ der Glaub an Christum/ von der verzeihung der Sünden. Dann der Glaub verlaßt sich auff ein vestes Prophetisch vnnd Apostolisch Wort/ ja auff die gewisse verheissung vnsers Herren Christi. Die vermessenheit aber / verlaßt sich auff das vngewiß/so fehlen kan/vñ darauß Grosse Gfahr zugewarten ist. Hie haben aber die Papisten wider ein Einred/vñ geben für/es sey kein Mensch / der künde wissen/ daß er gnügsam Büß gethon hab/ dertwegen man auch an der vergebung der Sünden müß zweifflen. So bitten wir auch täglich: Herr vergib vns vnser Schuld/ ꝛc. wie man nun künde der vergebung der Sünde gewiß sein? Aber hierauff solle wir wissen/ daß wir nicht durch das Werck der Büß selig werden / sonder allein durch Christum/wölchen der Glaub in der Büß begreifft/dertwegen vnser versicherung des Glaubens/nicht auff die Büß an jr selbs / sonder auff Christum gestelt ist / der auß Gnaden / ohne die Werck deß Gesetzes/vns selig machet/ Ephes.2. Darzů so muß vnser Gebett täglich auß Glauben beschehen/ dann es sonst Gott nicht angenem were/

Vorred.

were/wie Christus Marci am 11.Capit. meldet: Was jhr bittet/ glaubts nur/ daß jhrs empfahen werdet/ so wirds euch werden. Daher wir täglich bitten/weil wir stehtigs wider sündigen / Herr vergib vns vnser Schuld/ꝛc. thün das nicht auß zweiffel/ dann eben darumb bitten wir/ weil wir Christi gnadenreiche Verheissung gefasset haben/ namlich: Was wir den Vatter bitten werden im Namen Christi/das werde er vns gewehre. Joh.14. Es befindt sich bey dem Apostel Paulo/daß er im 7.Cap. zü den Römern bekennt vnd schreibt/ wie er ein armer Sünder sey/ der nicht allein ein sündtliche Natur habe von Mütterleib gebracht/ sonder sie beweise sich täglich im Werck/ vnnd spricht: Das güt das ich will/ das thü ich nicht/ aber das böß/das ich nicht will/das thü ich. Noch dannoch schreibt er im 8.Cap.hernach: Ich bins gewiß/daß mich nichts von der Liebe Gottes scheiden würdt/ꝛc.

Diß vnnd dergleichen/gibt vns zuerkennen/
daß

daß die Papisten keinen rechten Christlichen Glauben haben / vnd derwegen auch die rechte Catholische Kirchen / nicht mögen vnd sollen in der warheit genañt werden. Dann nicht der rhům / lange gewonheit / menge des volcks / gewisser ort oder Person / eusserliche zier vñ gewalt / fürnemlich die ware Catholische Kirchen beweisen / sonder der hertzlich Glaub in Christum / so sich auff den Grund der Propheten vnnd Aposteln vestigklich verlasset.

Dieweil nun der Allmechtig Gott E.G. dermassen mit der erkañtnuß der reinen Euangelischen Lehr / so in der Augspurgischen Confession verfasset / genediglich hat begabet / vnd durch seinen H. Geist in E.G. hertzen den Glauben erwecket / durch wölchen sie wissen selig zuwerden / so sollen sie billich dem Allmechtigen Gott / lob / ehr vnd preiß sagen / vnd wol achtung darauff geben / daß sie nicht wider durch falsche Lehr verfüret vnd eingenomen werden. Dann es trifft nicht an / Gelt oder Gůt / sonder das höchst / als nemlich vnser Seelen heil vnd seligkeit. Nun zweiffle ich nicht / E.G. werde offt der Religion halben / mit mancherley Gegewürffen angefochten / derwegen ich dise meine Schrifftliche Arbeit / E.G.

)( )( )(hab

Vorred.

hab wöllen zůschreiben/eins theils zur danckbar=
keit beiwißner gütthaten/anders theils/damit
E.G.so zuuor in jrem Christenthum̄ wol gegrün
det/dester mehr gereitzet werden/nicht allein den
Grund der warheit offentlich/wie bißher/zube=
kennen/sonder auch dester leichter der widerwer=
tigen Gegenwürff zuwiderlegen. Verhoffe also/
E.G.werden solches mein Werck/im besten
auffnemen. Der Allmechtig Gott vnd Vatter
vnser Herren Jesu Christi/wölle E.G.im vesten
Glauben vnd bestendigkeit/biß an das End ge=
nädiglich erhalten. Datum in Augspurg/
den ersten tag des Mertzens/
im Jar 1573.

E.G.
Dienstwilliger
Georg Meckhardt/Die=
ner des Euangelij.

Jacobus Andree D.

wünscht dem Christlichen Leser Heil in Christo.

Ich hab gern gesehen/ geholffen vñ gebeten / daß dise Schrifft / so mein freundtlicher lieber Brůder/ vnd Mitgehülff in Christo/ Georgius Meckhardt/ Diener der Euangelischen Kirchen zů Augspurg gestelt/ durch dē Truck verfertiget/ der Kirchen Christi mitgetheilt wurde.

Dann in diser Schrifft die fürnembste/ vnd gar nahend alle einrede der Papistē/ darmit sie jre Leut/ so mehr auff das ansehen der Menschen/ dann auff die H. Schrifft sehen/ auffhalten/ vñ sich vnderstehn die einfaltigen in vnsern Euangelischē Kirchen jrr zumachen/ vnd widerumb auff jre verdampte Abgötterey zubringen/ so kurtz/ rund/ darzů mit sattem/ beständigem Grund Gottes Worts/ widerlegt/ daß/ wer lust vnd liebe zů der Göttlichen warheit trege/ vnnd seiner Seelen heil jhme angelegen sein laßt/ ein richtigen bescheid hat/ wie er sich in sollichem allem/ Christlich vnnd Gottgefellig verhalten/ vnnd seiner Seel rhů schaffen soll.

Vnnd soll sich niemandt jrren lassen/ daß sollichs alles hievor durch D. Luther sonderlich/ außfürlich vnnd weitläuffig/ wider das Bapstumb gehandelt. Dann nachdem die Papisten sich nicht schemen/ jre alte/ verlegne/ vnd nun vilmal mit Gottes Wort widerlegte

Jacobi Andree Vorred

derlegte vermeinte Gründ auff die Ban zubringen/ vnd dermassen zuschmucken/ als wañ dieselbige vor niemals gehört worden/ So soll auch die trewe Kirchendiener die arbeit nicht rewen/ noch der Christlich Leser sich verdriessen lassen/ daß der bestendig Gegengrund auß dem Wort Gottes/ offtermals widerholet/ vnnd vnser jugendt wol eingebildet werde/ Dieweil in wenig jaren ein newe Welt daher wechst/ vnd sollicher vnderweisung/ als einer Præseruatiuen gantz wol bedarff/ da wir sehen/ daß der Teuffel nicht schlaffe/ sonder darmit tag vnnd nacht vmbgebe/ wie er das gefallen Bapstumb wider auffrichten/ vñ die wunden heilen künde/ die jme D. Luther mit dem Schwerdt Gottes Worts geben hat.

So seind auch D. Luthers Bücher so vil vnnd so groß/ daß sie nicht allwegen/ vnnd an allen orten die Christen haben mögen/ wölche mit dergleichẽ Einreden der Papisten gemartert werden. Vñ demnach auß diser kurtzen Schrifft/ nicht weniger des Teuffels lüsten sich entschütten künden/ als wañ sie gleich die grosse Bücher D. Luthers gelesen hetten/ der sie doch endtlich niergend hin/ dann in die zeugnussen H. Schrifft füret/ denen diß Büchlin ein feiner/ kurtzer/ richtiger/ einfeltiger zeiger ist/ wölcher den einfaltigen Christẽ/ in der Rüstkamer der Bibel/ allerley Waffen zeiget/ darmit sie nicht allein dise lose einrede/ sonder auch die fewrige Pfeil des Teuffels außlöschen künden.

Ich hab es auch der vrsach gern gesehen/ daß dise Schrifft ein offentlich zeugnuß ist/ der Christlichen/ Gottgefelligẽ einigkeit/ so nun vil jar her/ die Euangelisch

an den Christlichen Leser.

gelisch Kirch zů Augspurg/ mit der Kirchen im Hertzogthumb Würtemberg/ in allen Articeln der Christlichen Augspurgischen Confession/ durch Gottes Gnad gehalten.

Wie dann/ Gott lob/ auch bey den andern vnsern Euangelischen Kirchen/ wölche der Sathan sich vnderstanden hat/ durch vneinigkeit vnnd ergerliche zweitracht gantz vnd gar zuuerstören/ die Gottgefellige einigkeit je lenger je mehr sich findet/ vnangesehen/ was etlich wenig Personen biß daher auffgehalten/ vnnd die Papisten dise jar über/ fül Lösterschrifft außgebreittet/ darinnen sie mich sonderlich angezogen/ vnnd sich also mit vnser vneinigkeit gar gekützelt haben.

Wölchen allen zumal/ ich biß auff disen tag/ kein antwort geben/ sie auch nicht mit worten abfertigen/ sonder so lang still halten wöllen/ biß sie das Gottselig Werck/ so es durch Gottes Gnad/ zum erwünschten ende gebracht/ offentlich zuschanden mache. Da sie dann sehen werden/ daß nicht nur zween/ wie sie löstern/ sonder vil tausent Kirchendiener/ in allen vnd jeden Articeln der Christlichen Augspurgischen Confession/ einig/ da nichts über den Riß gepappet/ nichts verkleistert/ noch verschmiert/ sonder die strittigen Artickel/ darüber dise jar disputiert worden/ dermassen erkläret vnd erleuttert/ daß auch die einfeltigen Christen den Grund sollicher Gottgefelligen einigkeit verstehn/ vñ one zweiffel/ Gott dem Vatter/ vnsers Herrn Jesu Christi/ sampt dem heiligen Geist/ lob ehr vnd danck sagen werden.

Derselbig verleihe sein Gnade / auff daß sein

)()()(3   Reich

Jacobi Andree Vorred.

Reich gemehret / des Teuffels Reich zerstöret / die warheit Göttlichs Worts außgebreittet / Christliche / vnnd Gott wolgefellige einigkeit / widerumb auffgerichtet vnd gepflantzet / vnnd also vil Menschen allein durch den einigen verdienst / gehorsam / bitter Leiden vnnd Sterben Jesu Christi / wölcher der einig weg zum Vatter / die Warheit vnnd das Leben ist / ewig selig werden / Amen. Geschriben zů Tübingen / den 20. Januarij. im Jar Christi 1 5 7 4.

An den

An den Christenlichen
Leser.

E s möcht sich jemandt verwundern/ warumb in disen Gegenwürffen/ so offt der Lutherischen würdt meldung gethon/ vnnd doch solchs von mir nicht würdt Schrifftlich widerlegt/ sonderlich weil Paulus 1. Cor. 3. schreibt/ Man solle nicht sagen/ich bin Paulisch oder Apollisch/ rc. Hierauff gib ich disen bericht/ daß ich allein hiemit will bekannt machen/ wie wir Diener der Euangelischen Kirchen in Augspurg/ zu diser zeit/ vns zu der Lehr Lutheri seliger/ so in der Augspurgischen Confession begriffen/ bekennen/ vnnd also vnderschieden werden von andern Rotten vnnd Secten. Dann weil D. Martinus Lutherus seliger/ im anfang der fürnembst werckzeug gewesen ist/ durch wölchen Gott die reine Lehr des Euangelions/ hat Teütscher Nation in gemein eröffnet/ auch den rechten gebrauch der Hochwürdigen Sacramenten widerumb in das werck gebracht/ Derwegen sollen wir vns diß Namens gantz vnnd gar nicht schemen/ sonder vil mehr vns desselben erfröwen/ vnnd Gott in solchen seinen Heiligen loben/ehren vnnd preisen. Dann was den Spruch Pauli belangt/ werden wir nicht abgehalten/ daß wir nicht Lutherisch solten heissen/ wölcher nicht rede von widerwertigen Lehrern/ sonder von gleich förmigen/ da Paulus/ Apollo vnd Petrus/ eine Lehr gefürt/ vnnd sich eines Kirchengewalts gebraucht. So will Paulus nicht gedult/ daß die Christen an den Personen sollen hangen/ vnd vermeinen/ Gottes Wort sey bey einem krefftiger/ als bey dem andern/ oder daß man einen wölle verachten/ vnd den andern allein doch halten/ weil sie alle Gottes Wort füren. Aber mit dem Namen Lutherisch/ vnderscheidet man nicht die Lehrer/ so einig seind/ sonder die zweiträchtig/ vnd in Artickuln des Glaubens einander widersprechen. Damit nun derselbig vnderschied künde erkannt werden/ so mag sich einer wollassen Lutherisch nennen/ nicht daß er im namen Lutheri getaufft/ oder in sein Person glaube/ sonder daß er der Lehr/ so von Luthero seliger/ auß den Gnaden Gottes gefürt/ vnd außgebreittet ist worden/ anhengig sey/ vnnd dardurch hab Christum, in wölches Namen
wir

Vorred an den Leser.

wir getaufft seind/mit Glauben ergreiffen. Wir sollen auch rhůmen vnnd preisen die Gaben Gottes/ wölche sich in dem heiligen Mann Gottes/ S. Martino Luthero erzeigt haben/ daß er so mit frewdigem Geist vnnd grundtlicher Lehr/ nicht allein die Warheit außgebreittet/sonder allen Rotten vnnd Secten/ so stattlichen widerstand gethon/dem Teüffel vnd seinem anhang vnder die Augen gezogen/ritterlich gestritten/ vnd in Christo gesiget hat. Diß hab ich also den Christenlichen Leser wöllen berichten / mit bitt / man wölle solches im besten auffnemen. Ich bitt auch den Vatter vnsers Herrn Jesu Christi/er wölle vns in solcher reinen vnd vnbefleckten Lehr der Propheten vnd Aposteln/ so durch Lutherum seliger/vnnd andern dergleichen lobreichen Personen ist fürgetragen worden / genädiglich biß an das ende erhalten/
Amen.

I. Gegen-

I. Gegenwurff.

Ihr Lutherischen/ zeiget vns an/ wa ewer Kirch vñ Leh: gewesen sey vor hundert oder zweihundert jaren/weil die Catholische Kirch allzeit geweret hat / vnnd noch weren soll biß an das end der Welt.

I. Antwort.

Erstlich sollen vnsere Widersacher wissen/ daß die Kirch Christi/ deren wir vns glidmassen/ durch die Gnad Gottes rhümen/ in der Welt gewesen ist/ an den orten/ vnd bey den Personen/ wölche sich zu Gottes Wort / als dem rechten Merckmal der Kirchen/ gehalten/ die heilige Göttliche Schrifft/ nach der ermanung Christi erforscht/ den rechten verstand der Artickel des Glaubens auß dem Wort Gottes genommen/ vnd jhre Gedancken vnd vernunfft dem selbigen dienstbar gemacht/ vnnd vnberworffen haben. Dise seind dem Allmechtigen Gott bekañt/ wie Christus spricht Johan. x. Cap. Ich keñe meine Schaff/ vnd niemandt würdt sie mir auß meinen Händen reissen. Ist derwegen vnnötig / dz man sie als in einem Register erzöle/ oder mit dem Finger andeutte/ sonder wir bekennen im Symbolo: Ich glaub ein Christliche Kirchen.

A   2. Zum

Widerlegung der

2. Zům andern/ so pflegt Gott sein Kirch zuerhalten mitten vnder seinen Feinden/ wie er gethon hat zur zeit Elie / 1. Reg. 19. da er sagt: Sie haben deine Propheten erwürget/ vñ bin ich allein überbliben. Aber der HERR antwortet: Ich hab mir noch 7000. überbleiben lassen/ die jre knü vor dem Baal nicht gebogen haben. Esa. ca. 56. da die Wächter der Kirchen blind / vnwissend / stumme Hund/ faul vnd schläfferig waren / dannoch wurden etliche Gottselige erhalten/ vnd war ein rechte Kirch in Juda noch überig. Also auch zur zeit Elisei 2. Reg. 9. da die Jesabel wütet vñ Tyrannisiert/ erhielt dannoch Gott die seinen. Item 2. Paralip. 15. vnder dem König Assa / ist etlich zeit das Volck ohn rechtgeschaffne Lehrer/ ohn das Gesetz vñ Priester gewesen/ volgt darumb nicht darauß/ daß die Kirch gar nicht gewesen sey bey dem Israelitischē volck/ ob sie schon nicht also sichtbarlich war. Ezech. 9. würdt es auch fein abgemalet/ als der Prophet meldet: Es war einer/ der hat ein Leinwadt an/ vnd ein Schreibzeug an seiner seitten/ vnd der Herr sprach zů jhm: Gehe durch die Statt Hierusalem / vnnd zeichne mit eim zeichen an die stirne die Leut/ so da seufftzen vnd jamern über allem grewel so darinnen ist. Also erhelt Gott die seinigen auch vnder dem Türcken vnd anderßwo/ die zů Gott seufftzen/ in dem sie das abgöttisch vnd Gottloß leben vnd wesen müssen ansehen.

3. Dermassen ist auch vor hundert oder zweihundert jaren / mitten im Bapstumb/ die ware Kirch Christi von Gott erhalten worden. Erstlich

Bäpstischen Gegenwürff.

lich waren die kleine Kinder/ so nach dem Tauff gestorben/ ehe sie die abgötterey erkant oder darein verwilliget haben. Darnach haben sich allzeit etlich der abgötterey im Bapstumb zuwider gesetzt/ darüber sie veruolget/ vnd zum theil getödtet seind worden/ das seind nun die liebe Märterer.

Zů letst/ seind vil Christen im Bapstumb glidmassen der waren Euangelischē Kirchen worden an jrem letsten end/ wann jhnen durch ein gůtten Freünd der Glaub ist vorgesprochen worden/ vnd man sie des leidens Christi vnnd seines verdiensts fleissig erinnert hat: auch wissentliche vnd vnwissentliche Sünd Gott bekent haben/ vnd vmb verzeihung der selben gebettē: dise seind also im Glauben der Gnaden Christi verschieden/ vñ ohn allen zweiffel als wol als der Schächer am Creutz in das Himlische Paradiß auffgenommen worden. Würdt also an jnen erfült/ das in der 1. Cor. 3. Paulus meldet: Wer Holtz/ Hew oder Stupflen auff den grund bawen würdt/ deß werck soll durchs Fewr probiert vnd verbrinnen/ er aber würdt den schaden leiden/ vñ doch für sich selbst selig werden/ als durchs Fewr.

4. Zum vierdten/ so ist die warhafftige Kirche nit alle zeit so scheinbar vñ achtsam/ als die abgöttische/ wie wir sehen zur zeit Christi/ als man mehr auff die Satzung der vorfaren/ dann auff Gottes Wort gieng: da war die Kirch Christi nit so hell vnd kundtbar/ als der Pharisëer vnnd Schrifftgelehrten/ man hielt wenig von dem kleinen heufflin Christi/ wölches dannoch die rechte

A 2 Kirche

Widerlegung der
Kirche vnnd Christliche Gemein war.

5. Zum fünfften/so ist es offenbar/das in Græcia, Armenia, auch andern dergleichen orten/dem Bapstumb vor etlich hundert jarēzuwider gelebt ist wordē/wōlche weder vom Bapst zū Rom/noch seinem Fegfewr/ Ablaß / Priuatmeß / Vigilien/ Ebeuerbietung/eine gestalt des Nachtmals/ verehrung der Bilder/vñ dergleichen satzungē nichts gehalten haben / Vnd ob sie schon in Ceremonien nicht mit vns durchauß überein gestimpt haben/ daran die Seligkeit nicht gebunden / so haben sie doch in dem fürnemsten Hauptpuncten Christlicher lehr vns gleichförmig glaubt vnd gehalten.

6. Zum sechsten/so bezeugen die Historici/ daß vor zweihundert jaren die Waldenser in Franckreich/vnd hernach in Böhem vnnd andern orten seien gewesen / die sich wider den Bäpstischen grewel haben auffgeleinet/ vnnd sich in merern Articuln mit der heiligen Schrifft verglichen / ob man schon disen vil vngleichs zumisset / als ob sie die Oberkeit verachtet / den Aydschwur verleugnet/das Wort vnd Sacrament/ so von Gottlosen Priestern gereicht/ für krafftloß gehalten haben/ befinden wir doch diß nit in jrer Bekantnuß/ vnd in der Böhemischen Historia Aeneæ Syluij / welcher der Waldenser Lehr vnnd Leben beschriben hat/sonder müssen es dem affect vnd neid jrer widerwertigen zumessen.

7. Zu dem sibenden/so bedencken doch die Papisten/ was Johannes Huß/ vnnd Hieronymus von Prag/ Anno 1400. haben gelebt/ wölches
mehrer

Bäpstischen gegenwurff.

mehrerstheils mit vnser / ja Christi lehr / überein stimmet / vnd haben darüber jre leib vnd leben gelassen / vnnd ist das Concilium zů Costnitz Gleitbrüchig an jnen worden.

8. Zů letst befinden wir auch vnsere lehr / so in der Augspurgischen Confession begriffen / vnd nit fürnemlich vnser / sonder der Propheten Christi vnd der Apostel lehr ist / von alten Vättern hin vñ wider vor etlich hundert jaren gelehrt / vnd in jren Schrifften angezogen / wölche / ob sie schon zuweilen jre jrthumb auch gehabt haben / von wölchen / wa sie weren ernstlich vnd mit grund der warheit abgemanet worden / sie daruon / wie gůtte hoffnung / abgestanden. Als im Exempel Bernhardi zuerkeñen / der zuuor durch seine gůtte Werck wolt selig werdē / endtlich aber vor seinem abschied auß diser Welt / desselbigen jrthumbs in seinem Gewissen überzeugt / bekent / daß er hefftig gesündiget hab / vnd mög allein durch die gnad Gottes / vnnd die gerechtigkeit Christi von sünden erlediget vnd selig werden. Peccaui peccatū grande, turbatur conscientia, sed non perturbabitur, quoniam vulnerum Christi recordabor: Domine memorabor iustitiæ tuę solius: ipsa est enim mea. Darauß man erkennen kan / daß dannoch Gott sein Wort vnnd Kirchen nit gar hat lassen verdunckelt sein.

9. Will dessen ein Exempel gebē / von fürnembsten Artickuln / darinn wir mit dem Bapstumb strittig / auß dem H. Augustino / wölcher als der fürnembst vnder den Alten Vätteren gehalten würdt. Vom freien willē lehret er mit Paulo / daß

A 3 Gott

Widerlegung der

Gott das wöllen vnnd volbringen geb/ vnnd kein Christ auß seinem freien willen möge gůts thůn/ dieweil der natürlich Mensch ein knecht der Sünden sey/es geschehe dann/daß jn Christus frey mache/welcher selb Johan.8.spricht: Wann euch der Son frey macht/so seidt jr recht frey (de corrept. & gratia cap.1. Item de gratia & libero arbitrio, capite 16.)

10. Von der Gerechtfertigung lehret er also: Der Gottloß werde gerechtfertiget ohn verdienst gůtter Wercke/ allein durch den Glauben (in Psal. 67.88. Item in lib. de vera & falsa pœnitentia) vnnd werde also dem glaubigen in Christum/sein Glaub zur Gerechtigkeit gerechnet/ aber hernach beweise sich der Glaub durch die Werck der Liebe (cap.13. de Spiritu & litera.)

11. Von gůtten Wercken lehret er/daß Gott die gůtte Werck in vns erwecke (lib. 4. de Genesi ad literam cap.17.) vnd soll niemandt vermeinen/ wann Paulus anzeige/ wie man durch den Glauben gerechtfertiget werde/ob schon die Werck nit vorher geben/dann die gůtte Werck volgen erst hernach/ wann man gerechtfertiget ist (libro de Fide & operibus, cap.14. Item de patientia cap.21.)

12. Vom Gsatz bekennt er/ daß es in diser Welt nit möge von vns erfüllt werden/sonder nach disem Leben (lib.1. Retract. cap.19. Item de Iudaismo.)

13. Vom Tauff lehret er / daß nicht allein die Erbsünd/ sonder auch die wirckliche Sünd vergeben werden (lib.1. de peccatorum meritis, cap. 15.) vnd werde die Sünd hingenommen/ nicht daß die
böse

Bäpstischen Gegenwurff.

böse lüst in der Natur außgewurtzlet/ sonder daß sie dem glaubigen nit verdamlich sein/ vnnd nicht zugerechnet werden (in libro de Baptismo paruulorum.)

14. Vom Gebett lehret er/ daß man nit allein nur vil Wort machen solle/ sunder vil mehr von hertzen betten/ vnd sey solches an allen orten frey/ weil Christus durch sein zukunfft in die Welt den Erdboden geweicht hab (serm. 130. de tempore.) Auch solle man im namen Christi betten. Dann das Gebett/ so nit durch Christū geschehe/ werde für Sünde gerechnet/ in Psal. 108. Will auch/ das man keiner Creatur Göttliche ehre beweise vnd anbetten solle (in libro de vera religione) sonder sollen vns halten zu dem Fürsprecher Jhesu Christo / von welchem Joannes in seiner Epistel meldung thūt (in Epistola Ioannis tractatu 1.

15. Von Satzungen der Kirchen will er/ daß sie nicht Gottes Wort vnd dem natürlichen Gesetz sollen zuwider sein / vnnd wa sie dermassen widerwertig erfunden werden / solle man sie abschaffen/ (ad Casulanum Dist 9. Can. Sana.)

16. Vom Römischen Bapst vnnd seinem gewalt/ schreibt er nichts/ sunder lehret / das ein Bischoff sich nit solle über andere erhaben/ vnnd der nam eines Bischoffs soll einen seines Ampts/ nit der ehren erinnern/ daß er fleissig auff seine Herdt achtung gebe (lib. 3. cap. 3. de Bapt. contra Donatistas. Item 8. quæst. 1. Can. Qui Episcop.

17. Vom Fegfewr oder dem dritten ort ausserhalb des Himmels vnd der Erd / schreibt er / daß
er nichts

Widerlegung der

er nichts wüsse noch finde in der H. Schrifft/(lib. 5. Hyp. contra Pelag. Item lib. quæst. veteris & noui Test. quæst. 102.) Was er aber an den andern orten daruon schreibt/ lassen wir als Menschensatzung vnd gedancken bleiben.

18. Im brauch des H. Sacraments Christi Leibs vñ Blüts/ laßt er jm die beide Gstalt gefallen/ vnnd will daß man nit allein bey empfahung des Leibs Christi soll gedencken/ daß er solchen für vns am stammen des Creutzes dargeben hab/ sonder auch im gebrauch des Kelchs soll man empfahen das ware Blüt Christi/ vnd gedencken/ wie solches für vns vergossen sey/ de Cons. dist. 2.

19. Von der heiligen Schrifft lehret er vns/ daß alles darinnen verfasset sey/ was zu vnser Seelen heil vnd seligkeit notwendig ist/ (super Ioan. tractatu 49. cap. 11.) vnd vermanet trewlich/ man soll das annemmen vnd glauben/ was darinn begriffen: was aber ausserhalb desselbigen sey/ möge verworffen werden (in tractatu de Past. Item cõtra Faustum Manichæum) vnd gebüre sich keins wegs/ daß man eins andern Menschen Schrifft wolte der H. Schrifft beuor oder gleich setzen / ja auch die Concilia selber nit (ad Oros. contra Priscillianistas & Origenistas cap. 11. Itē de moribus Ecclesiæ Cath. cap. 9. contra Manichæos. Item contra Faustum Manichæum lib. 11. cap. 5.) sonder es sollen alle andere Schrifften darauß probiert werden/ wann sie mit der Schrifft überein stimmen/ mögen sie angenommen werden / wa nit/ sollen sie ohn scheube/ wie er selbst mit Cypriani Schrifften gehandlet/

verworffen

Bäpstischen Gegenwürff.

verworffen werden/ ad Hieronym. Epist. 119. Item ad Crescent. Grammat. lib. 2. cap. 31.

20. Er will auch nit/ daß man die Heiligen/ sonder Gott anrüffen solle. Aber der Heiligen Exempel solle man in güttem trewlich nachfolgen/ lib. de vera Relig. cap. vltimo.

21. Er lehret auch/ die Kirch sey nit auff Petrum gebawet/ sonder auff Christum den waren Felsen/ primo Retractationum. Item de Ag. Christiano.

Das hab ich nun von kürtze wegen wöllen andeuten in etlichen strittigen Artickuln/ daß vnsere widersächer nit vermeinten/ die lehr/ so wir auß den Gnaden Gottes füren/ sey erst newlich erdacht worden/ sonder von der zeit der Propheten vnnd Apostel an/ biß auff vns gelanget/ daß auch derselbigen die Alte Vätter haben müssen beyfal thůn. Darumm so schliessen wir/ daß Gott sein Lehr vnd Kirche/ wölche an vns durch die gnad Gottes gereichet/ allezeit erhalten hab/ vnd hin vnd wider in Landen/ ein Christliche Gemein gesamlet/ ob schon dieselbige in der Welt nit alle zeit so lauterlich vnd meniglich offenbar gewesen ist/ wie durch die Gnad Gottes die Lehr/ anhang vnnd zunemmen des H. Euangelij/ vnnd der waren Christlichen Kirchen zů vnser zeit/ der gantzen Welt bekannt ist.

II. Gegenwurff.

Wir Catholischen können vnser Lehr beweisen durch ein ordenliche Succession/ da je ein Bapst dem andern auff dem Stůl zů

B　　Rom

Widerlegung der Rom den Gewalt / Satzungen vnd Lehr der Kirchen an die hand gegeben hat / das kündet jr Lutherischen nicht thůn.

I. Antwort.

Jr laſſen die Succeſsion an jhr ſelbſt in jhrem wert bleiben / dañ es ſeind ſtehtigs die Bäpſt vnd Biſchöff auffeinander gefolgt / biß auff diſen tag. Ob aber die Chriſtliche Kirch an ſolche gwiſſe Perſonen / ſtett vnd ort gebunden ſey / wie das Prieſterthumb im Alten Teſtament / das beſtanden wir nit.

2. Erſtlich wiſſen wir / daß Chriſti Reich im Newen Teſtament ein Geiſtlich Reich ſey / vnd von allen euſſerlichen vmbſtenden / als gewiſſe Perſonen oder ort gefreiet. Dañ ſonſt diſe Länder vnd Stett / darinn Chriſtus vnd die Apoſtel gewandlet / vnd vil wunderwerck darinn gethon / ſo der Türck vnd andere / jetz vnder jhrem gewalt haben / Rom weit fürzuſetzen weren.

3. Die Länder vnd Stett ſeind nit die Chriſtliche Kirche / ſonder Gott hat jhm hin vnnd wider in den Ländern geſamlet ein Chriſtliche Gemein / durch er gelobt vnd geprisen ſolle werden. Daher es recht geredt iſt / wie Hieronymus ſpricht: Nicht die an der Apoſtel ſtatt ſitzen / ſonder die der Apoſtel lehr vnd heiligkeit nachfolgen / ſeind heilig. Cap. 2. q. 7.

4. Es hatten die Phariſeer vnd Hoheprieſter zů Hieruſalem ein rhům von der ordenlichen Succeſsion vnd herkommen von Abraham / vnd ſaſſen auff dem

Bäpstischen Gegenwürff.

dem Stůl Mosis/Matth.15. Aber sie můßten von Christo hören Joann.8. Jhr seidt auß dem Vatter dem Teuffel/als wolt er sagen: Abraham/Moyses vnnd dergleichen seind fromme Leut gewesen/bey meinem Wort vñ verordneten Gotsdienst gebliben/ aber jhr habt dem Teuffel gefolgt/vnd seidt nicht in jhre Fůßstapffen getretten/derwegen jhr den rhům ohn die that habet.

5. Es hat mancher Gottloser Mensch fromme vorfahren gehabt/darff sich darumb derselben mit warheit nit rhůmen/wie auch der Teuffel selbst sich seiner feinen ankunffte nit rhůmen kan/dañ es heißt: In veritate non stetit, Ioan.8.

6. Wañ man will auß der ordenlichẽ Succession/ der Papisten Lehr vnd Kirchen probieren/so můß man der Anfang vnd End betrachten/vnd fleißig erforschen/ob Petri/vñ der andern Apostel gewalt/ Lehr vnd Leben mit der jetzigen Bäpst vñ Bischoff wesen übereinstimme. Wer nun disem fleiß nachdenckt/vnd dasselbig bey dem Liecht des H. Euangelij besicht/der wirdt ein grossen vnderschied finden/darvon vil gelehrter leut gantze Bücher geschriben haben/vnnd ich auch im nechsten Capittel darvon weitleuffiger will meldung thůn.

7. Die Papisten müssen bekennen/daß mehrertheil jhrer Gottesdienst vnnd Ceremonien/darauff sie der Seelen heil setzen/erst nach der Apostel zeit seind von Bäpsten vnd andern erdacht vnd verordnet worden. Wie künden sie sich dañ der Succession Petri in der Kirchẽ/Lehr vñ Satzungen rhůmen? Wir wöllen ein Exempel für vns nemmen/bey wölchem

B 2   wir

Widerlegung der

wir eracht mögen/wie wenig sie bey der ersten Kirchen der Apostel gebliben seind. Sie bekennen mit vns/daß zů der zeit der Apostel/das Abendtmal des Herren vnder beider gestalt sey gehalten worden/vñ allein das Gebet/Vatter vnser/ꝛc. darbey gesprochen. Wer aber die Meß/so jetz im Bapstum würdt gehalten/an statt des Nachtmals Christi/mit jhren Satzungen vnnd Ceremonien bedenckt/würdt ein grosse vngleichheit finden. Dann bey vierzig Bäpst vñ Bischoff daran geflickt haben/wie Platina, Fasciculus temporum/ vnd andere bezeugen. Ja solche jre eigne Scribenten bekennen/daß das Hauptstuck der Meß/ nemlich der Canon/ so wir die Stillmeß nennen/ vnd ohn wölche die Meß für nichts gehalten würdt/sey lang nach der Apostel zeit erst gemacht worden. Etlich legen solches zu dem Gelasio/dem ersten diß Namens/vñ in der ordnung dem 51.Bapst/ wölcher den Canonem solle gemacht haben. So muß volgen/ daß nach Christi Himmelfart bey fünffthalbhundert jar/ die Meß ohn den Canone/ so das fürnemst darinnen ist/gehalten sey worden. Gregorius der Bapst schreibt den Canonem einem andern zů/ wölchen er nennet Scolasticum/ also vngwiß seind sie in jren sachen. Hierauß mögen wir abnemmen/ die vngleichheit der Lehr zwischen Christo/ den Aposteln/vnd den jetzigen Bäpsten vnd Cardinälen.

    8. Was den Gwalt belangt/ daß der Bapst das oberst Haupt sey der Christlichen Kirchen/ein Herr des Geistlichen vnnd Weltlichen Regiments/ der in der Kirchen vnnd in Weltlichen sachen möge nach freiem willen ordnen/abschaffen/vnd thůn was jhm gelickt/

Bäpstischen Gegenwürff.

geliebt/ also daß er vrtheilen möge/jhn aber soll niemand vrtheilen/ oder etwas einreden/ ob er schon hauffechtig das volck mit jhm in die Hell hinunder fürt/es soll jm alles vnderworffen sein/ als eim sichtbarlichen Gott. Canones, Ludouicus Gomesius, Felinus, Baldus, Ioannes de monte Cremata, & alij Ob nun Petrus jhm disen gwalt hab zugemessen/ oder denselben von Christo empfangen/ würdt auß Gottes Wort/vnnd den warhafftigen Historien von Petro noch andern Aposteln nit probiert werden. Christus sagt zu seinen Jüngern/ Luc. 22. Die Weltliche König herschen/vnnd die gwaltige heißt man Gnedige Herren/ jhr aber nicht also/ sonder der grösseßt vnder euch soll sein/als der geringst/ vñ der fürnemest/ wie ein diener. Petrus ermant auch die Eltesten/vñ schreibt also: Weidet die Herd Christi/die euch befolhen ist/vnnd sehet wol zu/nit gezwungen/ sonder williglich/nicht von schandelichen gewins willen/ sonder von Hertzen grund/nicht als die über das volck herrschen/ sonder werdet Fürbild der Herd. Man hat auch über fünffhundert jar nach Christi geburt nichts gewißt võ solchem Bäpstischen gewalt/ wie dann Gregorius Magnus nit hat erkannt wöllen werden für ein allgemeinen Bischoff/der über andere das Haupt sey / Dist. 99. Ca. Ecc. Er schreibt auch in Registro/ welcher sich in der Christenheit für ein algemein Haupt/das ist/ein Obersten Bischoff außgebe/oder darfür gehalten wolte sein/der sey der Antichrist selber/ oder sein vorleuffer. Bapst Bonifacius 3. hat nach der zeit Gregorij durch langwirigen zanck/ von Phoca dem Keisermörder/ erst erlangt/

1. Pet. 5.

B 3   daß

Widerlegung der

das S. Peters Stůl zů Rom/ solt das Haupt aller Kirchen sein. Platina, Nauclerus Gen. 21.

9. Es sollen auch vnsere Widersächer bedencken/ was für Gottlose Bäpst sie offt gehabt/ will der Bischoff vnnd Prelaten geschweigen / die einander verfolgt/ schandtlich außgraben/ vnd jhrer Vorfaren Satzungen gentzlich verdampt haben/ wie wir lesen vom Bapst Stephano 6. wölcher den Bapst Formosum also todt außgrůb/ vnnd doch verunehret/ degradiert/ vnd an ein gemein ort zur schand ließ wider begraben werden. Joannes 10. der verdampt Stephani 6. handlung derwider. Bald hernach kam der Bapst Sergius 3. der grabet Formosum wider auß/ köpffet jhn also todt/ vnnd wirfft jhn in die Tyber/ als der Menschlichen begrebnuß nicht werdt were. Wir lesen vom Bapst Ioanne 8. so ein Weibsperson gewesen ist/ vñ doch in mañlichen kleidern gestudiert vnd zum Bapst erwölet ist worden/ der hat dermassen Hůrerey getrieben/ daß er endtlich in der Procession auff der strassen eines Kinds genesen ist. Syluester 2. ist ein Zauberer gewesen. Vnd was soll ich lang erzölen/ wöllen allein die anklag etlicher Bischoff anhören. Auentinus lib. 7. Annalium. Herr Eberhard Ertzbischoff zů Saltzburg/ hat ein Oration vor einer gantzen Reichsversamlung / offentlich mit disen nachgemelten worten vor 200. jaren gethon/ wölche also lauttet: Die Babylonische Pfaffen (meinet die Römischen) wöllen allein herrschen/ mögen den frieden nicht dulden/ sie werden nicht auffhören/ biß daß sie alles vnder jre Füß tretten/ vnd sich in den Tempel Gottes setzen/ vñ erheben sich über alles/ das Gottes

Bäpstischen Gegenwürff.

tesdienst heisset/die Gelt vnnd Ehrsucht ist in jhnen nicht zuerfüllen/ꝛc. vñ ferner: Der ein Knecht ist aller Knecht/der begert ein Herr zusein aller Herren/als ob er Gott were/Die gute Räth vnd heilige versamlung der Brüder/ja seine Herrn verachtet er/vñ förchtet/was er täglich je lenger je mehr den Gesetzẽ zuwider handlet/daß er muß darfür rechenschafft geben/vnd redet prächtige ding/nicht anderst/als er Gott selbst were/erdichtet newe anschleg in seim Hertzen/daß er jm ein eigen Reich auffrichte/er verendert die Gesetz/die seinen gebeut er vest zuhalten/er verwüstet/zerreißt/raubet/betreugt vñ tödtet. Das Kind des verderbẽs/den man pflegt den Antichrist zunennen/in wölches Stirn der nam der lösterung geschriben steht: Ich bin Gott/ich kan nicht jrren/er sitzet im Tempel Gottes/vnd herrschet weit vnnd breit/ꝛc. Will jetz geschweigen/was die Ertzbischöff zů Cöln vnd Trier/ im namen jr selbst vnd anderer Prelaten am Rheinstram/dem Bapst Nicolao dem ersten des namens/im 558. jar erwelet/vnder die augen gesagt haben/Auentinus lib. 4. Annaliũ/nemlich daß er sey ein Tyrann/ein Wolff/ein Heidnischer Abgott Iupiter/ein betrieger/ein hoffertiger Herr aller Herrn. Auß disem allem volgt hell vñ klar/daß es ein vergebenlicher rhům sey der Papisten/von der ordenlichen Succession/weil jr Lehr/gewalt vnd Leben/mit der Apostel vnd ersten Kirchen nicht über ein stimpt/vnd also Anfang vñ End der Succession sich nicht zusamen reimen will/vnnd die Ketten der Succession offt zerbrochen/vnd keinnützige Glaich gehabt hab.

III. Ge-

III. Gegenwurff.

Die rechte warhafftige Kirch ist ein Catholische/das ist/allgemeine Kirch/so an allen orten in einigkeit des Geists vnd Glaubens außgebreittet ist. Diß aber kan allein zugelegt werden der Römischen Kirchen/die an allen orten gefunden würdt.

I. Antwort.

Wir leugnen keins wegs/daß die warhafftige Kirch sey ein Catholische/das ist zů Teutsch genannt/ein Allgemeine Kirch/aber diß von zweien fürnemmen vrsachen wegen. Erstlich/weil sie nicht ist gebunden an ein gewiß ort/gebn Jerusalem/Constantinopel/Rom/Alexandria/vnnd dergleichen/daß eben die rechte Kirch müste an disen orten sein. Dann wa sie an die ort gebunden wer/so könte sie nicht Allgemein/Catholisch/sein/sonder dieweil sie hin vnd wider in der gantzen Welt durch das Wort vnnd Sacramenten Christi gesamlet würdt. Dann Christus schickt seine Jünger in die gantze Welt hinauß zupredigen das Euangeliũ allen Creaturen. Wiewol nun dise Lehr der Apostel nit ist an allen orten angenommen worden/oder beharzlich bliben/so ist dannoch die Kirch durch jhr Lehr gesamlet/ein Allgemeine oder Catholische Kirch/wölche der Welt ist geoffenbaret worden. Darnach würdt die recht Kirch auch vmb der vrsach Catholisch

Bäpstischen Gegenwürff. 17

lisch genañt/dieweil sie nicht an ein gewiß volck oder Personen gebunden ist/ Dañ Gott kein anseher der Person ist/ sonder laßt an allen ortē in gemein/ reich vnd arm/ jung oder alt/ Herrn oder Knecht zur erkantnuß seines wesens vnd willens/ auch zů der ewigen Seligkeit beruffen werden/ j. Cor. 4.

2. Darnach so volgt nicht darauß/ daß/ wölche Kirch in der Welt weit außgebreittet sey/ solle darumb die ware vnnd Catholische Kirch sein. Dann des Arrij/ Mahomets vnd anderer Religion/ wurden hiemit für recht gesprochen werden/ wölche den grösten theil der Welt fast eingenommen haben. Ja der Hellische Sathan hat mit seinen Lugengeistern vnd abgöttischen den mehrertheil der Welt betrogē/ volgt darumb nicht/ daß des Teuffels Kirchen/ oder Ecclesia malignātium solte die rechte Kirche sein/ sonder man muß auff die rechte Malzeichen der Catholischen Kirchen geben/ die Christus weiset Joan. 10. Meine Schäfflin/ spricht er/ hören meine stimm/ vñ ich kenne sie/ vnd sie volgen mir nach. Item Joan. 14. Wer mich liebt/ der würdt mein Wort halten/ vñ mein Vatter würdt jhn lieben/ vnd wir werden wonung bey jhm machen. Deßgleichen schreibt auch Paulus zun Ephes. im 2. Capittel: Jhr seidt Gottes haußgenossen/ erbawet auff den grund der Propheten vnd Apostel/ da Jhesus Christus der Eckstein/ auff wölchen der gantze Baw in einander gefügt/ wechßt zů eim herrlichen Tempel in dem Herren/ auff wölchen auch jhr mit erbawet werdet zů einer behausung Gottes im Geist. Die würdt angezeigt/ wa in der Welt ein volck sey/ das bey der Lehr vnnd

C   Schrifften

Schrifften der Propheten vnd Apostel bleib/es seien vil oder wenig/grosses oder niders stands/zů Rom oder zů Augspurg/oder anderstwo/so seien sie der Catholischen Kirchen Christi glidmaß.

3. Wie dann auch Chrysostomus bekent in Matth. cap. 7. Hom. 19. daß kein andere prob der Kirchē sey/ dann daß man sie durch die H. Schrifft/in wölcher Gottes Wort begriffen/bewere: Wa ein Christ (spricht er) mit der Schrifft/nemlich der Propheten vnd Apostel übereinstimet/so sey er ein warer Christ/ so er aber ein Lehr vnd bekanntnuß füre/welche der H. Schrifft zuwider/den soll man für ein falschen Christen erkennen.

4. Dise Kirch ist zuweil hell vnd gwaltig/zuweil würdt sie vndertruckt/das sie kaum gespürt würdt/ als zů der zeit Eliæ, Ioannis des Teuffers/vnd vor etlich jaren vnder dem Bapstumb/wie Christus solches selbs bekennt/da er von der verfolgung seiner Christen/vnd des kleinen hauffens seiner Christglaubigen meldung thůt.

5. Hierauff schleuß ich nun anderst/vñ mit besserem grund als die Papisten/daß dise die Christliche Catholische Kirche sey/wölche in der gantzen Welt/ durch die Predig des Gesetzes vnd Euangelij/sampt den Hochwirdigen Sacramēten von Christo geordnet/gesamlet würdt/vnd ist gegründet auff die Lehr der Propheten vnd Apostel/so in heiliger Biblischer Schrifft begriffen. Dieweil nun die Papisten ein solche Lehr vnd Ceremonien zur Seeligkeit notwendig/in jrer Kirchen füren/die nicht allein nicht gegründet ist in H. Göttlicher Schrifft/sonder den

Schrifften

Bäpstischen Gegenwurff.

Schrifften der Propheten vñ Aposteln widerstrebet/ wie in nechstvolgenden Arguments widerlegung solle bewert werden/ so muß volgen/ dz sie nicht die ware Catholische Kirche seind.

6. Es ist je gewiß/daß die jenige/so kein rechten Christenlichen Glauben haben / nicht glidmaß kunden sein der Catholischen Kirchen. Diewiel nun die Papisten nicht glaubē/ sonder zweiflen an der Gnad Gottes/daher sie auch nicht recht betten künden/ Iacob.cap.1. so kan menigklich erkennen/ daß sie nicht mit der that Catholisch seind.

IIII. Gegenwurff.

Paulus in seiner Epistel an die Römer/ lobt die Römische Kirchen/ vnnd zeigt an/ daß jhr Glaub an allen orten der Welt geprisen werde. Diewiel nun wir auch des Römischen Glaubens seind/ was zeihen sich dann die Lutherischen/ daß sie von der Römischen Kirchen abfallen? ⁊c.

I. Antwort.

ES ist wol war/ daß die Römische Kirch zur zeit Pauli vnnd Petri/ die ware Kirch gewesen ist/ aber daß darumb die jetzwerend Römisch Kirch derselbigen gleich sey in der Lehr vnnd leben/ bestanden wir keins wegs nicht. Dann nicht der ort vnnd die Statt Rom/ die Kirche macht/ sonder die

C 2   reine

Widerlegung der

reine Lehr vnd der recht Glaub an Christum macht die Menschen zů Glidmassen der Kirchen / es sey gleich zů Rom oder anderstwo.

2. Es ist aber ein grosser vnderschied zwischen dem Leben vnd Regiment des Bapsts zů Rom/ vñ Petri des Apostels/ wie es menigklich bekannt ist/ darnach befindt sich gleichfals grosser vnderschied zwischen der alten Römischen Kirchē Lehr/so Paulus/Petrus/ vnd andere / schrifftlich vnnd mündtlich gefürt haben/vnd vnder der Lehr vnd Glauben/ so jetziger zeit zů Rom im schwanck gebt/zů wölcher auch das volck in vilen Landen mit grosser Tyranney getriben würdt. Damit aber solches nicht allein von vns geredt / sonder auch probiert werde / so will ich kürtzlich von der Lehr der alten vnd newen Römischen Kirchen handlen/vnd jre widerwertigkeit ein wenig andeutten.

3. Die Catholische Kirch Christi/zur zeit Pauli/ Petri/vnd anderer Apostel / hat zů Rom vnnd anderstwa gelehrt / daß Christus sey der einig mittler vnd Fürsprecher bey Gott dem Vatter/ vnd wir selber dörffen auß kindtlichem Geist sprechen / Abba/ das ist / lieber Vatter. Dergegen lehren die Papistē/daß Christus nicht allein sey der Mittler zwischē Gott vnd dem Menschen / Totus est mediator, sed nō totalis:solus, sed non solitarius: sonder es seien auch die lieben abgestorbne Heiligen darzů verordnet / daß sie mit jrem fürsprechen vnd verdienst vns Gott versühnen / Canon Missæ: Quorum meritis,&c. Item Hortulus animæ, Petrus Lombardus lib. 4. sent. dist. 45. Itē Bonauentura.

4. Die

4. Die alt Römisch Kirch hat glaubt/daß Christus hab gnůg gethon durch sein bitter leiden vnnd sterben/vnnd gantzen gehorsam/für der Glaubigen Sünd vnd straff/hab die Handschrifft des Gsatzes vertilgt/vom fluch desselben erlediget/frid gemacht mit Gott vnnd vns/den Sieg wider Sünd/Todt/Teuffel vnnd Hell erworben/daß also die zeitliche straffen den Glaubigen ein vätterliche züchtigung seien/dardurch sie zur Buß ermanet/jhr Glaub probiert/vnd zů eim ernstlichen Gebett/Gottsforcht vñ newen gehorsam getriben werden. Hergegen lehren die Papisten/Christus hab gnůgsam gethon für die Erbsund/nit für die täglich oder würckliche Sünd/für wölche wir selbs müssen bůssen. Item Christus hab gnůg gethon für die Sünd/aber nicht für die straff der Sünden/für wölche wir müssen gnůg thůn operibus supererogatiuis/das ist/mit solchen wercken/die vns nicht von Gott gebotten seind/sonder freiwillig geschehen. Catharinus Archiepiscopus in lib. de incruento sacrificio. Gabriel Biel lib.3.dist.20. conclusione 5. Eccius, Hosius. Item Compendiũ Theologicum, de gratia Sanct.

5. Die alt Römisch Kirch hat gelehrt/daß alle Menschen Sünder seien/vnd manglen des rhůms/den sie an Gott haben solten/müssen aber ohn verdienst auß seiner Gnad gerecht werden/durch den Glauben an Christum/wölcher Herr vnd Heiland vns von Gott dem Vatter zur Weißheit/Gerechtigkeit/Heiligkeit/vnnd ewigen Erlösung gegeben sey/ Rom.3.4.Ephes.2.Gal.2.1.Cor.1.Tit.3. Hergegen lehren die jetzigen Romanisten/man werde nicht allein

Widerlegung der

lein durch den Glauben an Christum/ sonder auch durch vnsere gutte Werck gerechtfertiget vnnd seelig. Ja die Sententiarij geben für/ daß ein jeglich Werck der Liebe/ verdiene absolutè/ volkommenlich/ das ewig Leben. Das heißt je offentlich den volkommen verdienst Christi schmälern.

6. Die alte Römische Kirch hat glaubt/ gutte Werck/ von Gott erfordert/ die dienē zur Ehr Gottes/ dem Glaubē zů einer zeugnuß/ auch dem Nächsten zů nutz vnnd besserung/ vnnd haben Gnadenreiche verheissung zeitlichs glücks vnnd wolfart. Wiewol sie aber nicht seelig machen vor Gott/ so seien sie doch notwendig/ vnnd wir seien schuldner nach dem Geist/ vnnd nicht nach dem Fleisch zuleben/ damit wir vns gegen Gott durch solchen gehorsam danckbar erzeigen. Hergegen lehren die Papisten/ daß alle Werck/ so geschehen auß eigner andacht/ vnnd auß hilff Göttlicher Gnad/ die seien notwendig zů versünung der Sünden/ Gottes zorn zustillen/ vnnd das ewige Leben zuerlangen. Socus in assert. Cathol. de bonis operibus, item in Compendio Theologico schreiben sie also: Die gutten Werck verdienen dreierley/ das ewige Leben/ mehrung der Gnaden/ vnnd nachlassung der Peen vnd Straff.

7. Die alte Römische Kirch hat gelehrt/ was nicht auß dem Glauben herfliesse/ das gefalle Gott nicht. Daher auch die Werck der vnglaubigen/ so Gott nicht versünet/ dem Allmechtigen Gott nicht gefallen/ Roman. 14. Hergegen lehret das Bapstumb/ daß auch der vnglaubigen Werck Gott an-

genem

Bäpstischen Gegenwürff.

genem seien / Concilium Tridentinum.

8. Die alte Römische Kirch hat glaubt / daß man Gott soll anruffen / vnnd nicht die Creaturen / auff wölche man den Christlichen Glauben nicht setzen darff. 1. Corinth. 10. Die Papisten hergegen betten nicht allein an die abgestorbne Heiligen / wie im Hortulo animæ zusehen ist / sonder auch die Bilder / wie dann ihr Gesang vom Creutz bezeuget / da sie singen: Ecce lignum crucis, in quo pependit salus mundi, venite, adoremus. Das ist zu Teutsch: Das ist das heilig Creutz / an welchem gehangen ist vnser Heil / kompt her / wir wöllens anbetten. Thomas parte 3. quæst. 25. Art. 3. Alle Bildnuß ist also zuuerehren / wie das / dessen Bildnuß es ist. So dann nun Christus mit der Göttlichen anbettung würdt verehret / so volgt / daß auch sein Bildnuß mit derselbigen Göttlichen anbettung solle verehret werden.

9. Die alte Römische Kirch hat gelehrt / daß die verderbte Art vnnd Natur zu sündigen / im Menschen sey ein solch übel / das widerstreb den Geboten Gottes / vnd sey ein eigenliche Sünd vor Gott / Rom. 5. 7. daher man sie nennet die Erbsünd. Hergegen lehren die Papisten / sie sey kein eigenliche Sünd / sonder allein ein mittel / dardurch als in einem Zundel die Sünd erwecket werden / Eccius & alij in Colloquio Ratisponensi.

10. Die alte Römische Kirch hat gehalten / daß die warhafftige Buß stehe in dem / daß man erkenne / wie man der Sünd vnderworffen / vnd was für ein sündtlich wesen sich bey vns armen Menschen befinde.

Widerlegung der

findt. Darnach ſollen wir glauben an Chꝛiſtum/ durch wölchen wir auß Gnaden Gott verſünet ſeind worden/ Rom. 3. 4. 5. Ju dem dꝛitten/ ſollen wir den Glauben laſſen ſcheinen durch die gütte Werck/ vnd ein newen gehoꝛſam anfahen/ Gott zů lob vnd Ehꝛ/ vnnd auch dem Nechſten zur beſſerung. Hergegen im Bapſtumb lehꝛet man/ wer ſeine Sünd büſſen wölle/ der müſſe rew haben/ vnd alle Sünd/ mit woꝛten/ wercken vnnd gedancken begangen/ ſampt allen vmbſtenden dem Ehloſen Pꝛieſter erzölen/ vn̄ darfür mit Faſten/ Betten/ Almůſen geben/ vn̄ anderer Buß/ ſo vom Pꝛieſter auffgelegt/ gnůg thůn/ Ca. de pœnit. & remiſſ. omnis vtriuſcz̄ ſexus, &c.

11. Die alt Römiſch Kirch hat gelehꝛt/ daß in Geiſtlichen ſachen/ als da iſt Gott vertrawen/ förchten/ lieben/ gehoꝛſamen/ vnd dergleichen/ das wöllen vnnd volbꝛingen/ Gottes geſchefft ſey/ daher kein Menſch ſie künde applicieren/ vnd auß eignen krefften ſich ſchicken zur Gnad Gottes/ auch nicht Gottes gedencken/ er werde dan̄ durch den heilige̅ Geiſt/ im Woꝛt vnd heiligen Sacramenten darzů erweckt vnnd bereittet. Hergegen lehꝛen die Papiſten/ der Menſch künde ſich nicht allein auß eignen krefften zur Gnad Chꝛiſti bereitten/ ſonder auch auß eignen krefften das Geſatz erfüllen. Anton. Florent. Epiſc. part. 1. tit. 11. cap. 3.

12. Die alt Römiſch Kirch hat glaubt vnnd gelehꝛt/ daß die heilige Schꝛifft/ ſey ein liecht/ das erleuchte die Menſchen/ vnd bꝛinge ſie zur erkanntnuß Gottes weſen vnd willen/ ſo ſie dieſelbig mit fleiß erfoꝛſchen/ auch ernſtlich im Gebett bey Gott anhalte/ vnd

Bäpstischen Gegenwürff.

te/vnd sey hierinn hell vnd klar alles begriffen/ so zu vnser seligkeit dienlich sey/ Rom. 14. 2. Cor. 3. Daß die Menschensatzungē gar nicht zuvergleichen seien der Prophetischen vnd Apostolischen Schrifft/ Coloss. 2. Ja wann ein Engel vom Himmel keme/ vnnd brechte ein andere Lehr/ dann wölche die Apostel haben gelehrt/ vñ schrifftlich verfaßt/ so soll er verflücht sein. Hergegen lehren die jetzigen Romanisten/ die heilige Schrifft sey ein Buchstab/ der tödtet/ ein wächsene Nasen/ ein stumer Lehrer/ ein Janckbuch oder materia litis / tunckel / vngwiß / zweiffelhafftig/ ein bleies Winckelmäß/ das sich hin vnd her biegen laßt. Item sie kunde in zweiffelhafftigen sachen kein richtigen entschied geben/ sey auch der Kirchen vnnot/ vnnd verbieten dieselbigen dem Layen in seiner Muttersprach zulesen / Hosius, Phygius, &c.

13. Die alte Römische Kirch lehret/ das Gesetz sey durch Moysen gantz vnd volkommen geben/ das Euangelium aber durch Christum/ Joann. 1. vnnd sey ein grosser vnderschied / vnder dem Gesetz vnnd Euangelio zuhalten / Rom. 4. 2. Cor. 3. Im Bapstumb aber würdt das Gesetz vnnd Euangelium vermenget/ vnnd gelehrt/ Christus hab ein volkomner Gesetz geben/ dann Moyses/ wer dieselbige halt/ der verdiene das ewige Leben / vnnd hab darneben Christus ettliche gütte Rhät gegeben/ wölche man mög halten/ oder ohn nachtheil der Seligkeit vnderlassen/ Antoninus part. 1. tit. 15. cap. Vnico.

14. Die alte Römische Kirch hat allein vō zwey orten gewißt/ da die abgestorbnē hin verordnet seien/ nemlich ein ewigs Leben / vnd ein ewigs verderben/

D   vnd

Vnd ob sie schon von dem Fewr oder hitz meldung gethon / hat sie doch von der prob des Glaubens geredt / das ist / vom Creutz vnnd leiden / dardurch der Glaub bewert würdt / wie das Gold durch das Fewr / j. Thessalon. 4. Hergegen so lehret das Bapstumb / das Fegfewr sey ein leiblich Fewr / durch wölches allein die Geister der Gerechten / wölche in diser zeit jhre Büß durch volkomne gnůgthůung nicht erfült haben / gequelet werden. In Compendio Theologico, libro septimo, capite secundo. Item, Bernhardinus de Bustis in Rosa.

15. Die alte Römische Kirch weißt nur von zweien Sacramenten / dardurch Gott sein Gnad vns anbeut. Das Bapstumb aber lehret sieben Sacrament.

16. Die alte Römische Kirch hat gehalten / daß Christus seiner Kirchen hab verordnet Apostel vnd Kirchendiener / die Gottes Wort sollen predigen / die H. Sacrament außtheilen / vñ die Büßfertigen von jhren Sünden loß sprechen / aber die vnbußfertigen / binden sollen / vnnd jhnen verkünden das ewige verdamnus / j. Corint. 14. Act. 20. Hergegen müssen im Bapstumb die Priester gesalbt / beschoren vnnd geweicht sein / damit sie macht haben Gott dem Vatter seinen Son Christū auffzuopffern für die Sünd der lebendigen vnd der todten / vnd die sieben zeitten betten mögen / für das heil der Welt. Pontificale.

17. Die alte Römische Kirch hat gelehrt / daß den Dienern Göttliches Worts / frey sey im Ehestand / oder ausserhalb dem Ehestand / züchtig zuleben / nach eines jeden gab von Gott gegeben. Daher

Bäpstischen Gegenwürff.

im Alten Testament die Priester ehelich gewesen/vñ Christus selber Apostel gehabt / die im Ehestand gelebt/wie dann auch Paulus gelehrt/daß ein Priester eins Weibs Mañ soll sein/ vnd jhm auch die freiheit nicht will nemmen lassen/ein Schwester/das ist/ ein Christin/zum Weib mit vmbher zufüren/ wie ander Apostel/j.Cor.9. Dergegen lehren die Papisten/wölcher Priester ehelich leb / soll vom Ampt gesetzt vnd ernstlich gestrafft werden. Dann der Ehestand sey fleischlich/vnrein vnnd vnheilig/ Canone, Proposuisti. Item Distinct.82. Ja sie geben für/ daß / wa ein Priester Ehelich hause/ der sündige mehr/ als wann er mit einer vnerbarn vnnd vnzüchtigen Concubinen hause.

18. Die alte Römische Kirch hat gelebt / daß man für einander betten soll/vñ Gott vmb hülff im Namen Christi/ in aller not vnnd Kranckheit anruffen/vnd möge auch in der Kranckheit die ordenliche Artzney/ öl vnnd andere mittel/ so Gott dem Menschen zu güttem erschaffen / gebraucht werden/ Jacob.5. Dergegen lehren die Papisten/ man solle die Krancken ölen mit dem öl/ so zuuor beschworen / vnnd dabey man die abgestorbne Heiligen/als nothelffer anrufft/vnd salbet die glieder der Krancken/damit daß jhm dardurch alle Sünd/ so er mit den leiblichen Gliedern begangen / vergeben werden.

19. Die alte Römische Kirch hat gehalten/ daß im rechten gebrauch des heiligen Abendtmals Christi/ vmb der ersten einsatzung wegen/ das Brot sey die Gemeinschafft des Leibs Christi/vnd der Kelch

Widerlegung der

die Gemeinschafft des Bluts Christi/vnd sey solches nicht allein den Jüngern Christi / sonder auch allen Christen in beiderley Gestalt zuempfahen/eingesetzt/ 1.Cor.10.11. Daß also im rechten brauch nach der einsatzung Christi diß H. Sacrament vns treib zur betrachtung des leidens vnd sterbens Christi/vnd also durch die übergab des Leibs vnd Bluts Christi der Glaub in Christum gesterckt werde. Hergegen lehren die Papisten.

I. Erstlich/ sey solches Sacrament ein Opffer/ da Christus auffgeopffert soll werdē Gott dem Himlischen Vatter / für die Sünd der Todten vnnd der lebendigen.

II. Zum andern/ so soll sich des Sacraments allein der Priester gebrauchen auff dem Altar/ vñ den zusebenden Personen solches Opffer / sampt seinem nutz applicieren/vnd ex opere operato/das ist/durch das werck des Opffers zueignen.

III. Zum dritten/soll den Laien zuweilen nur ein Gestalt gegeben werden/ob schon in der ersten Kirchen die beiderley Gestalt seien im brauch gewesen/ Concilium Constantiense.

IIII. Zum vierdten/lehren sie/das Brot vnd der Wein bleibe nicht/ wie das wasser im Tauff/bey seiner Substantz vnnd wesen / sonder werde verkert in den Leib vnd Blüt Christi/wiewol die eusserlich Gestalt/sampt dem geschmack des Brots vnnd Weins bleibe.

V. Zum fünfften/ sollen die Wort der einsatzung in frembder Sprach/vnd gantz still gelesen werden/ damit mans nicht hören vnd verstehn künde.

VI. Zum

Bäpstischen Gegenwürff.

VI. Zum sechsten/vermeinen sie/wann der Priester über das Brot die Wort Christi hauche/ so muß solches in Leib Christi verendert werden/ vmb des Priesters gewisse anzal der wort wegē: Hoc est enim corpus meum,&c.

20. Die alte Römische Kirch hat vom Tauff gehalten vnd gelebrt/daß man soll im Namen Gottes des Vatters/des Sons/vñ des heiligen Geists/nach dem befelch Christi teuffen / vnnd diser heilig Tauff sey von wegen der ordnung Gottes/ein Bad der widergeburt/vnd ernewerung des H. Geists/dardurch wir Christo werden eingeleibt/vnd von Sünden gereiniget. Hergegen lehren die newen Romanisten/ daß das wasser / so von dem Priester mit besondern worten würdt geweihet vnd gesegnet / zů dem Tauff soll geordnet werden/vnd darein gethon ein geweichter Osterstock oder Kertzen/durch wölche Ceremonien der H. Geist in das wasser komme/vnd solle der Tauff desto krefftiger werden/durch Creutz/Chrysam/Speichel/vnd außbannung des Teuffels / vnd wöllen daß die Kindlein auff der Geuattern Glauben getaufft werden.

21. In summa / die Römische Kirch zů der zeit Pauli vnd Petri/hat gar nichts gewißt von der Papistischen Winckelmäß/so für allerley gefahr vnnd kranckheit gehalten würdt/von Vigilien für die abgestorbnen/von Sibenden/ Dreissigsten/ Jartagen/ Creutzgängen/ Fleisch/Aier vnnd Schmaltzfasten/ Sacramentheußlin/Glockenteuffen/ geweicht Wasser vñ Saltz/Kreutterweihen/ geweichten Kertzen/ Osterstock/Palmen/Palmesel/Chrysam/Firmung/

D 3 Rauch-

Widerlegung der
Rauchwerck/ Klosterleben der München/ Nonnen/ vnnd Nollharden/ vnnd anderer Ordensleut/ Walfarten zů den Bildern/ Ablaßbrieffen vnnd Krom/ Pfründtmarck/ Agnus Dei auß wachs gemacht/ Kumpelmettin/ S. Johans Euangelium im federkiel/ vnd dergleichen/ wölches alles jetzund die Römisch oder Bäpstisch Kirch/ als notwendig zur Seligkeit/ ja zum heil leibs vnnd der Seel (wie jhre Exorcismi lauten) vnnd zuuertreiben den Teuffel vñ sein Gespenst/ sampt mancherley Kranckheiten/ ausserhalb Gottes Gebott/ oder rechtmessiger Exempel vnd verheissungen/ gebrauchet.

22. Hierauß schleuß ich also: Die alte Römische Kirch/ so zur zeit Pauli vnnd der andern Apostel grünet/ vnnd zugenommen hat/ die ist gebunden gewesen an die Lehr der Propheten/ Christi vñ Aposteln/ auch an den von Christo eingesetzten brauch der heiligen Sacramenten. Hat darneben mancherley verfolgung müssen leiden/ vmb der Warheit willen des Euangelij/ daher sie billich die ware Apostolische vnnd Catholische Kirch genannt ist worden. Die Papisten aber/ ob sie schon jhr Haupt zů Rom haben/ seind sie doch der Lehr der Propheten vnd Apostel zuwider/ vnd leiden für sich selber kein verfolgung vmb der waren Apostolischen Lehr willen/ sonder hergegē verfolgē sie mit dem Schwerdt/ Wasser/ vñ Fewr/ die Euangelischen Christen/ geben an vilen orten den Gotslösterigē Juden platz/ vñ verjagē die jenigē/ so bey Gottes Wort in H. Göttlicher Schrifft verfasset/ begeren biß an jr end zuuerharrē. Darumb so seind die Papisten der alten Röm. Kirchen nicht verwandt.

V. Ge

Bäpstischen Gegenwürff.

V. Gegenwurff.

Alle H. Märterer haben sich zü der Römischen Kirchen gehalten/ vnnd sie für die Braut Christi erkannt/ wie solches Ireneus vnd Cyprianus bekennen/ ja auch alle Bäpst/ von Petro an/ biß auff Syluestrum/ so im 314. jar gelebt/ seind Märterer worden/ vmb Christi vnd seines Worts willen.

I. Antwort.

Hierauff sollen wir bedencken/ daß allein die für heilige Märterer sein zuerkennen/ wölche vmb der Leer Christi vnd der Apostel willen haben gelitten/ nicht von wegen der Menschlichen Satzungen oder Opinion/ so den Schrifften der Propheten vnd Apostel zuwider. Dann nicht die marter an jhr selbst/ wölche auch falsche eufferige Hertzen habē erlittē/ machet ein Christlichē Märterer/ sonder die vrsach der Marter/ so sich mit Gottes wort vergleicht.

2. Dise warhafftige Märterer haben sich gehalten zü der Römischen Kirchē/ nicht von des Orts oder Statt Rom wegen/ sonder von wegen der Leer Pauli vñ anderer Apostel/ so zü Rom vnd anderßwo ein zeitlang ist gefürt worden. Volgt derhalben gar nicht darauß/ daß man sich zü vnser zeit/ auch soll zü der jetzwerenden Römischen Kirchen halten/ wölche der Leer vnd dem leben Petri vngleich ist.

3. Darumm auch Irenæus lehrt/ mā solle mit der Kirchen

chen zů Rom übereinstimmen/ so von Petro vñ Paulo sey gegründet worden/ welcher er mit außgetruckten worten meldet/ vnnd ist auch offenbar/ daß zur zeit Irenæi/ vnd zuuor/ die Kirch zů Rom neben andern ist gelobt wordē/ aber nicht der massen/ daß man jhr solchen Gewalt hett zůgemessen/ wie man jetzund im Bapstumb thůt/ da man leret/ alle Kirchen in der Welt/ müssen der Römischen vndertbon sein/ der Bapst sey ein oberster Herr des Geistlichen vñ Weltlichen Regiments/ er künde nicht jrren/ darumb er auch nicht soll gestrafft werden/ Ja wie der Canon meldet: Wenn der Bapst zů Rom/ hauffechtig mit jhm die Menschen in die Helle fůrte/ soll niemandt macht haben zůfragen/ warumb das geschehe.

Dist. 40. Cano. Si Papa.

4. Irenæus selbst strafft den Bapst (wie jhn die Papisten nennen) Victorem/ da er von des Osterlichen Fests vnd des Fastens halben/ wolt die in Asia in Bann thůn/ er nennet jhn/ vnnd seine Vorfaren/ Anicetum, Iginium, Xystum, vnd andere/ allein Priester/ die nicht die Welt/ sonder allein die Kirchen zů Rom geregiert haben.

5. Was Cypriani zeugnuß belanget/ wissen wir wol/ daß er die Römische Kirch ohn grund Göttliches Worts über die massen rhůmet/ aber wir antworten mit Augustino/ der also schreibt von den Schrifften Cypriani. August. contra Cresco. Grammaticum, lib. 2. cap. 32. Ego non teneor huius Epistolæ autoritate, quia literas Cypriani non vt Canonicas habeo, sed eas ex Canonicis considero: & quod in eis diuinarum scripturarum cōgruit, cum laude eius accipio, quod non congruit cum pace eius respuo.

6. Es

6. Es müssen die Papisten selbs bekennen/ daß Cyprianus nicht ohne jrthumb gewesen ist/ wie auch andere alte Lehrer.

7. Ich setz aber Cypriano entgegen den Egesippum/ ein gelehrten vnd frommen Man/so gelebt hat nach Christi geburt/ 160. jar/wölcher also schreibt: Daß die Kirchen zu Rom vnnd anderstwo/sey ein reine Jungfraw geblieben/ biß nach dem todt Johannis des Apostels/ als dann seien bey jhr die jrthumb/als in ein verlassens vnd vnbewonts Hauß/ eingerissen/rc. *Euseb. libro 4. 5.*

8. Zu letst/ daß sie hinan hangent/ es seien alle Bäpst biß auff Syluestrum/ der im 314. jar gelebt/ vmb Christi vñ seines Worts willen gemartert worden/derhalben man sich zu der jetzwerenden Römischen Kirchen soll halten. Hierauff sollen sie wissen/daß vns nicht verborgen ist / wie die Christen jämerlich verfolgt seind worden vnder dem Nerone/ vñ andern volgenden Keysern. Die verfolgung aber haben sie nicht gelitten vmb der Bäpstlichen Winckelmeß/Walfarten/ Ablaßbrieffen/Glockenteuffen/vnnd dergleichen Ceremonien willen/so hernach erst von den Bäpsten erdichtet/ vñ zusamen gefliсkt worden/ sonder vmb des Namens Christi/ vnd der verachtung Heidnischer Abgötterey willen.

9. Vnnd ob sie schon nicht alle in Artickuln des Glaubens seind durchauß rein gewesen/ wie die Historien bezeugen/so seind sie dannoch zuloben/ daß sie in mehrern Artickuln sich zur Warheit gehalten/ vnd darüber gelitten haben. Vñ sollen jhre schwachheiten zum besten nach gebür/ außgelegt/ aber darumb

umb nicht gar approbiert werden.

10. Vnd bestehn den Papisten gar nicht / daß in der ersten Kirchen die Bischoff vnnd Seelsorger zů Rom / seien Bäpst genannt worden / die sich solches Gewalts hetten angemasset / wie dann Eusebius vnd andere des alters Scribenten / jhnen den Namen vnd Gewalt nicht zugelegt haben.

11. Wir wissen auch / daß man vil Schrifften solchen Römischen Märterer zugelegt hat / darinn etliche Bäpstische jrthumb begriffen / als die Epistolas Clementis, Anacleti, Dionysij, &c. welche hernach seind entweder von eim andern geschrieben / oder in gemelter Märterer namen in Truck gefertiget / oder / so sie etwas geschribens hindersich gelassen / doch Corrumpiert vnd verfelscht worden. Das auß vilen vrsachen vnnd vmbstenden / so es von nöten würdt sein / soll bewert werden / vnd von den vnsern bereit bewert ist worden.

12. Will allein diß melden / wie vnsere Widersacher im Bapstumb wöllen auß den Sendbrieffen Clementis probieren / wölcher an Iacobum den Apostel soll geschrieben haben vom todt Petri. So doch alle Historici bezeugen / daß Jacobus bey 7. jaren vor Petro ist getödt worden / wie kan er dann vom todt Petri geschrieben habē. Will geschweigen / daß deren Schrifft Hieronymus nicht meldung thůt in seinem Catalogo von den Christlichen Scribentē / ꝛc. Hierauß ist nun wol zumercken / daß / ob schon etliche Christliche Märterer der ersten Kirchen zů Rom gewesen seind / daher die Römische Kirchen derselbigen zeit lob verdienet hat / wir darumb nicht müssen

Bäpstischen Gegenwurff.

sen an die jetzwerend Römisch Kirch gebunden sein/ die weder in der Lehr noch leben/ der ersten Kirchen gleichförmig ist. Dann nicht das ort oder statt/ sonder das Wort Gottes/ vnd der recht von Christo geordnet brauch der Sacramenten/ macht vns zů gliedmassen der Christlichen Catholischẽ Kirchẽ. Sonst wurde in Asia, Africa/ vnd andern orten/ da Heidnische vñ Teuflische abgöttereien jetz getriben werden/ auch die warhaffte Kirch mussen sein/ dieweil vor jaren vil Christen da gewesen seind/ vnd jr Blůt vmb der Warheit willen vergossen haben.

VI. Gegenwurff.

Alle alte Christliche Lehrer/ haben sich zů der Römischen Kirchen gehalten/ als Hieronymus/ welcher sich darumb mit der Kirchen zů Rom vereiniget/ dieweil auff dem Stůl Petri/ als auff ein Felsen/ die Kirch erbawet sey. Desselbengleichen auch Augustinus vermeldet etlich vrsachen/ als nemlich/ die einigkeit/ groß ansehen/ sitz Petri/ vnnd den Namen/ Catholisch/ durch wölche er bey der Römischen Kirchen erhalten werde. Also auch Bernhardus vnnd Epiphanius/ die rhůmen die Römische Kirch/ als ein Mutter aller Kirchen/ ein wurtzel der Weißheit/ vnnd pflantzung des Glaubens/ wölche nicht werde zergehn.

I. Ant-

Widerlegung der

I. Antwort.

Was nicht grund hat in der heiligen Göttlichen Schrifft/ das mag eben als leicht verworffen werden/ als leicht es ohn die Schrifft für ein warheit angezogen würdt. Es heißt/wie die Epistel zů den Gallatern meldet/wann ein Engel von Himmel keme/vnd brecht vns ein andere Lehr/soll er verdampt sein. Darumb sollen vnsere Papisten auß H. Göttlicher Schrifft probieren/ daß die Christenheit an den jetzwerenden Stůl zů Rom verbunden sey.

2. Augustinus war vnwirs/ da er schrib wider die Donatisten/ de Baptismo lib.1.cap.2. wölche jhm stehtigs fürwarffen Cypriani Schrifften/meinung vnd Concilium: Wer/sagt er/würfft vns für die heilige Canonische Schrifft des newen vnnd alten Testaments? verstehet/ man solt erstlich auß Gottes Wort ein Lehr bestetigen/ als dann möcht man der alten Lehrer Schrifft mit nutz vnd bescheidenheit lesen.

3. Daher auch Augustinus ernstlich ermanet/ in einer Epistel an Paulinam geschribē: Daß man nicht seinem ansehen nachfolgen soll/daß man meint/ man müste darumb was glauben/weil es von jhm gesagt were/sonder man solle der Göttlichen Schrifft glauben/vnd seine Schrifften darauß vrtheilen. Item in der 19.Epistel an den heiligē Hieronymum/schreibt er dise nachfolgende wort: Jch bekenne deiner Lieb frey/daß ich allein disen schrifftlichen Büchern/ die man jetz Canonisch nennet/ das ist/ die gewisse vnnd vngezweiffelte Bücher der heiligen Schrifft/ allein
gelehrnet

Bäpstischen Gegenwürff.

gelehrnet hab diſe Ehr anzuthůn/ daß ich feſtigklich
glaub/ daß keiner/ der die Bůcher der H. Schrifft
gemacht/hab im ſchreiben geirret vnd gefehlet/ vnd
ob ich gleichwol etwas in denſelben Büchern find/
das ſich anſehen laßt/ als ſey es der Warheit entgegen / ſo zweiffelt mir gar nicht/ es ſey entweder des
Schreibers ſchuld/ der nicht recht geſchriben/ oder
des Dolmetſchers/ der es nicht recht gedolmetſcht
hat / oder ich habs nicht recht verſtanden. Die andere aber liſe ich alſo/ſie ſeien ſo heilig vnd gelehrt/als
ſie jmer ſein künden/ ſo bald ichs doch darumb nicht
für die Warheit/dieweil ſie ſolcher meinung geweſen
ſeind/ſonder darumb/daß diſe Scribenten entweder
auß der H. Schrifft/oder auß bewerlicher vrſach/die
der Warheit nicht entgegen iſt/mich habē überreden
mögen. Vñ halt gentzlich darfür/lieber Bruder/ du
ſeieſt auch alſo geſinnet/vnd achte nicht/daß du wilt/
daß man deine Bücher leſen ſolle/wie der Propheten
vnd Apoſteln/von wölchen Schrifften zweiflen/daß
ſie nicht ohn alle jrrthumb/ fehl vñ gebrechen ſeien/ein
grewlich Gottloß ding iſt.   Hactenus Auguſtinus.
Hierauß ſchleuß ich auch/ auſſerhalb der Autoritet
Auguſtini/daß/ob ſchon Hieronymus vnnd andere/
inn etlichen orten ſchreiben/ daß die Kirch zů Rom
auff Petrum gebawen ſey/daß darum̄ ſolches nicht
gewiß ſey/dieweil er dem Wort Gottes/vñ den recht-
meſſigen vrſachen zuwider iſt.

4. Dann Chriſtus ſagt nicht/Auff dich Petrum
will ich mein Kirchen bawen/ ſonder auff den Fel-
ſen/ den Petrus bekannt hat / ein lebendigen Son
Gottes ſein.Diſen Herren Chriſtum/ nennet auch an-

E 3   derſtwo

Widerlegung der

derſtwo die H.Schrifft ein Felſen/als in 1.Corin.10. Petra erat Chriſtus. Darzů ſo ſetzet Chriſtus hinzů/ daß die Pforten der Hellen nicht künden ſie übergwältigen/von wegen des veſten Grundſteins/wölchen wir nicht künden laſſen ſein die perſon Petri/ wölcher hernach Chriſtum dreimal verleugnet/ vnd alsdann den Juden zuuil nachgeben hat/ darumb Paulus jn mit ernſt ſtraffet/Gal.j.

5. Es müſſen je vnſere Papiſten bekennen / daß Petrus vnd andere Apoſtel/ ſeind Glidmaß der Kirchen geweſen/daher ſie nicht der Grund / ſonder auff den Grund der Kirchen / nemlich Chriſtum gebawet ſeind.

6. Dahin hat Hilarius, Cyrillus, Auguſtinus/vnd andere geſehen/wölche diſe gewiſſe meinung beſtetigen/ vnnd auß truckenlich bekennen / daß die Kirch dazumal nicht auff Petrum / ſonder auff Chriſtum erbawet ſey worden. Auguſtinus ſuper Ioannem, tractatu 124.Item Retract.lib.1.cap.21.

7. Ja ich kan auch nicht vnderlaſſen/auß Hieronymo das widerſpiel vermelden. Dañ da er ſchreibt wider den Iouinianum libro 1. da zeigt er an/ daß die Kirch auff alle Apoſtel ſey gebawet. Vnnd an eim andern ort an Euagrum / da ſchreibt er auß truckenlich / daß die Römiſch Kirch / das iſt / der Stůl zu Rom/ nicht andern Kirchen ſey fürzuſetzen/ noch ein gröſſer anſehen haben ſolle/ dann andere Kirchen in der Welt / dieweil alle Chriſtliche Kirchen einen Gott anruffen/vnd ein Regel der Warheit haben. Darzů ſo nennet er nicht allein den Biſchoff zů Rom ein Bapſt / ſonder auch andere / als Valerianum,

Bäpſtiſchen Gegenwůrff.

num, Epiphanium / ſo andere Kirchen zůverwalten haben.

8. Diſe widerwertigkeit der alten Vätter / mögen die Papiſten Conciliieren / wie ſie wöllen / wir bleiben bey dem Grund / ſo vns Gottes Wort weiſet / wölcher iſt Chriſtus / warer Gott vnd Menſch / nicht Petrus / wölcher auch ſeiner fehl vnd ſchwachheiten halben / ſich Chriſti Gnad hat vnderwerffen müſſen / vnnd täglich zů Gott ſchreien / mit der gantzen Chriſtenheit: Verzeich vns vnſer Sünd.

9. Was alsdann der andern Vätter jrthumb belangt / ſoll eben vorgehende antwort darauff gewendet werden / vnnd darneben gedacht / daß ſie von der Römiſchen Kirchen reden / ſo von den Apoſtlen auß Gnaden Gottes iſt angefangen worden / wölche Gottes Wort im anfang gefürt hat / nicht von der jetzigen vnartigen Römiſchen Kirchen. Vnd beſchleuß kurtzlich / daß eben darumb wir an den Bäpſtiſchen Stůl zů Rom nicht ſeind gebundē / dieweil die Kirch allgemein oder Catholiſch iſt.

VII. Gegenwurff.

Ir Lutheriſchen lehret / daß die Tauff im Bapſtumb recht ſey / derwegen kein Kind ſoll wider getaufft werden / ſonder bey der empfangnen Tauff bleiben. So můß volgen / daß vnſer Kirch / die rechte Catholiſche Kirch ſey / die mit rechten Sacramenten verſehen iſt.

1. Antẽ

Widerlegung der

1. Antwort.

Wir bekennen gantz willig/daß vnder dem Bapstumb vil/so an im selb gůt ist / geblieben sey/ als nemlich die Bibel/Tauff der Kinder/Gebett des Vatter vnsers/die zwölff Artickel des Glaubens/vñ anders. Daß aber darum̃ die Abgötterey/ mißbrauch vñ Aberglauben/so daran geflickt/ recht seien/vnd die Bäpstisch Kirch die ware Catholische Kirchen sey / das mag nicht darauß geschlossen werden.

2. Dann es künden wol böse Menschen/so in das Kirchenampt erfordert/die Sacramẽt darzeichen/ vnd mag ein Kindlein von jnen recht getaufft werden/ob schon sie/ die diener / des Teuffels seind/ vnd durch jhr verkert vñ sündtlich wesen sich in abgrund der Hell stürtzen. Daher man das Ampt/ so Gottes ist/ von der Person in solchen fällen vnderschieden soll.

Dann die Sacrament haben jr würden vnd ansehen nicht von der Person des Dieners/ so sie darreicht vnd außspendet/sonder von der einsatzung des Herren. Derhalben Gott dieselbige seine einsatzung vnd ordnung nicht endert/ vmb eins bösen Dieners willen.

4. Caiphas war ein Gottloser Hoherpriester/ noch dannoch war es die warheit/ da er sprach: Es ist besser das einer sterb / dann daß das gantz volck verderb. Judas war durch den Teuffel eingenom̃en/ jedoch ists nicht vnrecht/ was er auß befelch Christi im Apostelampt verrichtet.

5. Die

Bäpstischen Gegenwürff. 41

5. Die Beschneidung/ weil sie nach Gottes befelch vnd satzung zur zeit Christi/ bey den Juden noch im brauch war/ ist nicht zuuerwerffen gewesen/ ob schon die Phariseer vnd Schrifftgelehrten/ sampt andern Aberglaubischen vnnd Heuchler / nicht die rechte Kirch waren.

6. Darnach sollen wir auch wissen/ daß mitten im Bapstumb Glidmassen der Kirchen seind erhalten worden/ gleich als Loth zu Sodoma. Dann der Allmechtig Gott erbelt auch die seinen mitten vnder seinen feinden/ wie auch Paulus meldet/ daß der Antichrist/ so sich des Kirchenampts anmasset/ mitten im Tempel Gottes sitzet. Dann so er ein Widerchrist/ so muß er vnder den Christen wonen. Vnd wie jhm aber der Teuffel sein Regiment erhelt/ also erhelt Gott widerumb die seinen/ durch den H. Geist/ ob sie schon mitten vnder jhren feinden zerstrewet seind.

7. Wir künden wol sagen/ daß Gott im Bapstumb sein Kirchen erhalten hab/ aber es volgt darumb nicht/ daß die Papisten derselbigen Kirchen Glidmaß seien / sonder die/ so sich zu dem Wort des Herren/ vnnd dem rechten gebrauch der H. Sacramenten gehalten haben/ oder sich auff das wenigest der Abgötterey gemasset/ vnd die Articul des Glaubens vnd des Gebetts einfeltig beholffen haben.

8. Auff dem Stül Moysis hat man zu Hierusalem im Tempel/ die Schrifften Moysis vnnd der Propheten gelesen/ wölche an jnen selbst recht war/ vnd Christus manet darzu/ daß man sie hören solle. Aber die Hohenpriester vnd Schrifftgelehrten/ waren auß dem vatter dem Teuffel/ vnd richteten sich

F nicht

Widerlegung der

nicht nach dem Wort des Herren / wölches sie dannoch selber lasen.

9. Hierauß schliessen wir/ dieweil im Bapstumb die substantialia des Tauffs/ das ist/ was zum wesen des Tauffs von Gott verordnet/ auß sonderlicher fürsehung Gottes geblibē seind/ so werden die Kindlein recht getaufft/ ob schon die im Kirchenampt Abgöttische leut seind/ vnnd vil Menschensatzungen ohne befelch vnnd verheissung Gottes darzů gethon haben / so geht es doch das Kindlein nicht an/ wölches darein noch nicht also verwilligen kan/ wie die alten. Vnd volget gar nicht/ die Tauff im Bapstum ist recht/ vnd die Kindlein werden recht getaufft. Ergo so ist das Bapstumb durchauß gůt/ vnd die rechte Kirch zunennen. A' dicto secundum quid, ad dictū simpliciter.

VIII. Gegenwurff.

Ich bleib bey dem alten Glauben / lasse euch Lutherischen den newen.

I. Antwort.

Dieweil nicht alles / so ein lange zeit geweret hat/ vmb der älte wegen zuloben ist/ wie dann auch die Sünd/ Aberglaub/ vnd anders übel in der Welt/ ein langes herkommen haben. Darnach auch vil ding new geschetzet worden / wölche an jnen selbst nicht new/ sonder den jenigen allein für new anzusehen seind/ wölchen sie zuuor nicht bekannt gewesen. Derhalben so ist von nöten/ daß man fein vnderschiedlich

Bäpstischen Gegenwürff.

schiedlich daruon rede/ auch newes vñ altes für sich selbst wol betrachte.

2. Also hat es die gelegenheit mit dem alten vnnd newen Glauben/ wa man dieselbige recht bedenckt/ so würdt sichs befinden/ daß solches der alte Glaub ist/ wölchen die Papisten new heissen/ vnd hergegen ein newer Glaub/wölchen sie den alten nennen.

3. Dann der recht alt Christenlich Glaub ist/der sich zur zeit Adæ vnd Euæ/ auch der lieben Patriarchen befunden hat/vnd mit den Schrifften der Propheten vnd Aposteln übereinstimpt.

4. Desselben beschicht meldung/da der Allmechtig Gott im anfang vnsere erste Eltern/ vnnd alle jhre nachkomnen tröstet/ vnd spricht: Der Samen des Weibs/ würdt der Schlangen den Kopff zertretten/das ist/ durch Christum würdt der Sünd/ Tod/Teuffel vnd Hellen jr Macht genommen/daß kein Glaubiger durch sie verschlunden werd.

5. Diß ist nun der alt Glaub/ daß man in Christum/als den rechten Schlangentretter/ das Hertz vnd vertrawen setze/vnd jn erkenne/daß er sey vnser Weißheit/Heiligkeit/ Gerechtigkeit vnd Seligkeit/ wölcher das Gefengknuß/vnd alles so vns der Sünden halb in das verderben hat wöllen stossen/ gefangen genommen hab. Ephes.4. Für vns sich selbst geopffert/ am stammen des Creutzes/ zur versühnung der gantzen Welt Sünd/ vnnd also auch hie zeitlich gelitten/damit er vns Glaubigen vom ewigen Leiden erlößte.

6. Disen alten Glauben haben gehabt/ Enoch, Noa/Hebr.11. auch der liebe Abraham/wölchem sein

F 2   Glaub

Widerlegung der

Glaub an Christum den zukünfftigen Messiam/war zur Gerechtigkeit gerechnet. Item Dauid/ so sich rhümet der Barmhertzigkeit Gottes/vnd der gnůgthůung oder bezalung Christi für die Sünd/ Psal. 69. vnnd zeigt klårlich an / wann wir wöllen selig werden/so müssen vns vnsere Sünd durch Christum vnsern einigen Heiland vnnd Seligmacher gnediglich bedeckt/vnnd vnser missethat nicht zugerechnet werden/Psal.32.

7. Disen alten Glauben haben auch gehabt die Propheten/ so da offentlich haben gelehrt/ daß der Menschen Werckgerechtigkeit sey wie ein besudelts Tůch/ Esa.64. Aber wann wir wöllen gerecht vnd selig werden/ so sey Christus da/ wölcher der gantzen Welt Sünd vnd straff auff sich genommen hab/ Esa.53. Wie dañ auch Daniel im 9. Capittel bekeñt/ daß sie sich nicht verlassen auff jhre Gerechtigkeit/ sonder auff Gottes Barmhertzigkeit.

8. Zů solchem alten Glauben / hat vns gewisen Christus/Matth.5.Luc.17.Matth.7. vnd die lieben Apostel/daruon man fürnemlich mag lesen die Epistel an die Römer 3.4. Capittel. Gal.4. Philipp.3. 1.Cor.4. auch zů den Ephes.4.Cap. da Paulus also schreibt: Auß Gnaden seidt jhr selig worden/ durch den Glauben/vnnd dasselbig nicht auß euch/Gottes Gab ist es/nicht auß den Wercken/ auff daß sich nit jemand rhůme.

Es haben auch disem alten Christlichen Glauben beifal gethon/ die liebe alte Våtter/ so gelehrt/ daß man allein durch den Glauben an Christum gerecht vnnd selig werd/ vnnd den rhům eignes verdiensts
durch

Bäpstischen Gegenwürff.

durch das wörtlin (Allein) haben wöllen abschaffen. Irenæus lib. 4. cõtra Valent. cap. 37. 38. Origenes lib. 3. cap. 3. ad Rom. Cyprianus lib. 3. ad Quirinũ, cap. 24. Basilius lib. 6. de Trinitate. Cyrillus lib. 3. ca. 31. lib. 4. cap. 25. lib. 9. cap. 32. Hilarius lib. 6. de Trinitate. Ambrosius ad Romanos 1. 3. 4. 10. Gal. 1. 3. Item lib. 1. de Iacob & vita beata. Augustinus in sermone Quadragesimali, & in expositione huius sentẽtiæ: Credidit Abraham Deo. Item contra Pelag. Episc. libro 3. Chrysostomus tomo 4. pagina 132. 144. 1029. In oratione aduersus Iudæos. Vide etiam Bonauenturam super 4. Sentent. dist. 15.

10. Ob aber die alten Vätter zuweilen sich lassen ansehen/ als wann sie solcher jhrer eignen Lehr zuwider gewesen weren/ laß ich die Papisten darüber sich mattern / wir vrtheilen sie auß Gottes Wort/ so fert sie mit demselbigen übereinstimmen/ seind wir zufrieden/ vnd rhümen jhren Glauben vnd jre Gaben. Wa sie aber etwas/ so Christi volkomnen gehorsam vnnd den Schrifften der Propheten vnnd Aposteln zuwider/ schreiben/ so lassen wir sie faren/ vnd gebrauchen vns Christenlicher freiheit/ daß wir vnser Gewissen an kein menschliche Satzung/ so Gottes Wort zuwider/ binden lassen.

Deß alten Glaubens seind wir (so die Papisten Lutherisch nennen) auß der Gnad vnnd Gab Gottes / begeren auch durch kein anders Mittel/ dann durch den einigen verdienst Christi/ wölchen wir mit Glauben fassen/ gerecht vnd selig zuwerden/ halten Christum für vnsern einigen Hohenpriester/ Fürspre-

Widerlegung der

cher/Mitler/Seligmacher/Erlöser vnnd Heiland/ auff jn setzen wir vnser vertrawen/ vnnd nicht auff vnsere gutte Werck/wölche wir allein zur Ehre Gottes vnnd zeugnuß des Glaubens/ für nötig achten/ wöllen auch dem Herren auff keinen weg/ andere Creaturen/wie heilig sie jmmer mögen sein/ mit jhrem verdienst auff die seitten setzen/ oder das verdienst Christi auff einerley weiß schmelern vnnd abtheilen.

12. Wider disen alten Glauben/so das fürnembst stuck vnsers Christenthumbs begreifft/ vnnd daran andere Artickul des Glaubens hange/ setzen sich mit Lehr vnd eusserlichem gewalt zuwider die Papisten. Geben für/Christus hab gnug gethon für die Sünd/ aber nicht für die straff der Sünd/ für welche der Mensch selbst büssen muß/hie vnd dort im Fegfewr. Item Christus hab gnug gethon für die Erbsünd/ nicht für die tägliche Sünd/ so nach dem Tauff begangen werden. Catharinus, Archiepiscopus Compsanus, in libro de cruento sacrificio noui Testamenti. Item/Christus sey nicht die volkomne vnnd gantze vrsach vnser Erlösung/ Johannes Keisersperger in Nauicula pœnitentiæ: Passio Christi nō totalis, sed partialis redemptionis causa est, oportet igitur cooperari, & in nauiculam pœnitentiæ & passionis sedere: das ist: Christi leiden ist nicht die gantze vrsach/ sonder allein eins theils/die vrsach vnser Erlösung/darumb müssen wir mitwircken/vnnd in das Schifflein der Büß vnd des Leidens tretten. Gab. Biel lib.3. senten. dist.19. conclus.5.

Itē der verdienst der lieben Heiligen soll vns auch
zur

Bäpstischen Gegenwürff.

zur seligkeit dienen/ Canon Missæ & Collectæ sanctorum. Item der Glaub an Christum facht an zurecht fertigen den Menschen vor Gott/aber die Werck volbringen die rechtfertigung.

Item: Wir werden gerechtfertiget durch den Glauben an Christum/ der mit den gütten Wercken geformiert/ziert vnd bekleidet sey. Oder wir werden gerechtfertiget durch die gütte Werck/ so mit dem Blůt Christi besprenget. In summa/ der Mensch verdiene durch seine gütte Werck/ vergebung der Sünden/ mehrung der Gnaden/ vnd das ewig Leben/ Petrus de So. in Assert. Catholica contra Vvirtt. de bonis operibus.

13. Also můß man auch ander Artickul des Glaubens/vnd die Sacramenta halten/ zur Lehr der Apostel/vnd sehen/ob sie mit derselbigen übereinstimmen/ so würdt man befinden/ wölches ein newe erdachte Lehr/vñ nach der Apostel zeit/erst von Menschen sey geordnet worden.

14. Daß aber vnsere ware Prophetische vñ Apostolische Lehr/nicht an allen orten/vnd jederman ist bekannt gewesen/ macht sie darumb nicht new an jr selbst/sonder ist allein denen new/ wölche zuuor auff Gottes Wort nicht haben achtung geben/ vnd allein an dem fürtrag/befelch/vnnd satzungen des Römischen Bischoffs vnd Priester gehangen seind.

15. Solches sehen wir auch an dem Exempel des lieben Apostels Pauli zů Ephesz/ da er wider die Abgötterey Dianæ redet/da schrie Demetrius/es were ein alter Gottsdienst/damit man bett die Abgöttin verehret in gantz Asia. Aber die Lehr Pauli můst

ein

ein newe vnerhörte vnd auffrürische Lehr sein / wölches doch mit der Warheit nicht kondte probiert werden/dann es nicht darumb an jr selbst ein newe Lehr war/weil sie Demetrio zů Epheso/vnnd andern in Asia vnbekannt ist gewesen.

16. Hierauß schliessen wir/ weil vnsere Widersacher / die Papisten/ nicht mit der Lehr der Apostel übereinstimmen/ daß sie nicht des alten Glaubens seien/vñ also den rhům ohn die that habē. Hergegen die Lehr Christi vñ der Apostel/ zů wölcher wir vns auß den Gnaden Gottes halten/den vhralten Glauben mit sich bringe. Darbey vns auch Gott biß an das End gnediglich erhalten wölle/Amen.

IX. Gegenwurff.

Wann alle die verdampt weren/welche nicht Lutherisch gewesen seind / so müsten vnsere Eltern vnnd Vorfaren/ als fromme leut/auch verdampt sein / das wölle Gott nicht / ꝛc.

I. Antwort.

Wann wir wöllen die Lehr vnd Glauben recht vrtheilen / so müssen wir nicht sehen/ was jemandt auß den vnsern hab glaubt oder nicht/ sonder erstlich vns zů den Schrifften der Propheten vnd Apostel/als zů dem einigen Probierstein halten/ vnnd darauß für recht oden vnrecht sprechen / was mit Gott oder wider Gott gelehrt vñ glaubt würde.

2. Daß vnser Christenlicher Glaub/ist nicht auff
vnsere

Bäpstischen Gegenwürff.

vnsere Voreltern gebawet vñ gegründet/sonder auff Gott vnnd sein Wort / daher Hieronymus schreibt: Ergo nec parentum, nec maiorum error sequendus est, sed autoritas scripturarum, & Dei docentis imperium.

3. Darumb wir nicht ansehen die Personen/was stands oder wirdē sie seien/ ob sie vorfarē oder nachkomnen seien/künden vñ sollen auch nicht nach gunst handlen/ sonder wir müssen mit Christo den Aberglauben/vnnd alles was wider Gottes Wort strebt/ verdamlich heissen/vnd den rechten Glauben/ so sich auff Christi Wort vnnd verheissung verlasset / seligmachend sprechen.

4. Es seind vnsere Vorfaren vnd Eltern auch Menschen gewesen / wölchen der Tenffel/ die Welt/ vñ jhr eigen fleisch auch zugesetzt haben/sie offt überwunden/vnd in fahl gebracht/daher wir nicht alles/ was vnsere Voreltern gethon/ für recht halten / es sey dann mit Gott vñ nach seinem Wort geschehen.

5. Daniel scheuhet sich gar nicht die Sünd seiner Eltern zubekennen/da er spricht: Herr/wir vnd vnsere König/Fürsten/vnd vnsere Vätter/müssen vns schemen/daß wir vns an dir versündiget haben. Also auch Hieremias bekennet der Vätter Abgötterey/ vnd vermanet das Volck im Namen Gottes/sie sollen in der vorfaren Fußstapffen nicht tretten. Item Ezech.20. Jr solt nach ewer Vätter Gebott nicht leben/vnd auch jhre Recht nicht halten/vnnd an jhren Götzen euch nicht verunreinigen. Dañ ich der Herr bin ewer Gott/ nach meinem Gebott solt jhr leben/ vnd meine Recht halten.

6. Wir gebrauchen vns aber der bescheidenheit/

G   wann

wann wir von den Voreltern / so im Bapſtumb geweſen / reden.

Erſtlich ſagen wir / daß vil an jhrem letzten End bekert ſeind worden zů Gott / wölche Gott vmb vergebung der Sünden / ſo wiſſentlich vnnd vnwiſſentlich von jnen begangen / ernſtlich durch Chriſtum gebetten haben / vnd von gůtten freunden / nachbauren / vnd andern auff das Creütz vnd verdienſt Chriſti ſeind gewiſen worden / deſſen ſie ſich getröſtet / vnd anderer Abgötterey / ſo ſie zuuor getriben / nicht mehr geachtet haben.

7. Zů dem andern / befelhen wir ſie der Gnaden Gottes / weil ſie nicht dermaſſen / wie wir / gelegenheit gehabt haben / zů der reinen Lehr des Euangelij zůkommen / ob wir ſchon jre jrthumb nicht für recht ſprechen künden / dann vnſer vrtheil geht auff das Wort Gottes / wölches den Aberglauben verdamet.

8. Act. 17. ſpricht Paulus: Gott hat die zeit der vnwiſſenheit überſehen. Nun aber gebeut er allen Menſchen gůts zuthůn. Alſo ſollen wir auch gedencken / das wir von allerley Abgötterey abſtehn / vnnd was in vnſern Voreltern zuſtraffen iſt / daß wir ſolches fliehen vnd meiden / auff Gottes Wort achtung geben / dieweil wir jetz die angeneme zeit / auch andere gůtte gelegenheit zur Warheit Chriſti vorhanden haben.

9. Vnnd ſolle derwegen vns weder Vatter noch Můtter / Brůder oder Schweſter laſſen lieber ſein / als Chriſti vnd ſein Wort / durch wölches alle falſche Lehr vſt vnglaub verdampt würdt / vnnd wann die gätz Welt dieſelbige zurechtfertige ſich vnderſtiende.

X. Ge-

X. Gegenwurff.

Wer will zů der Lutherischen Sect tretten/weil sie doch selbs nicht eins seind/ vnd stehtigs miteinander zancken.

I. Antwort.

Erstlich soll man von vns gentzlich absündern alle Rotten vnd Secten/ die neben der Augspurgischen Confession eingerissen/ vnd wölche sich derselbigen nie nicht haben vnderschribē/ ja vil mehr mündelich vnd Schrifftlich darwider sich auffgeleinet/ als da seind die Schwenckfeldischen/ Widerteuffer/ Zwinglische/ vnd dergleichen.

2. Darnach so handeln vnsere Widersächer vnbillich / daß sie von etlicher Personen mangel oder fehl willen/ die Lehr der Augspurgischen Confession wöllen tadlen. Dann was kan die reine Lehr des Euangelij darzů / daß etliche lust haben zu zancken/ etliche/ vmb zweiffelhafftiger wort oder reden halben/ so die Religion belangt/ getadelt werden?

3. Sie solten erstlich die Lehr/ das Corpus Doctrinæ der Augspurgischen Confession/ auß Gottes Wort widerlegen / als dann möcht es sich reimen/ daß sie nebengezänck/ oder fehl der Personen/ auch herfür brechtē/ wölche doch die Papisten gar nichts angehn/ sonder vil mehr vrsach geben/ die reine Lehr des Euangelij fleissig zuerforschen/ vnnd des Bapstumbs betrug an tag zugeben.

4. Paulus schreibt/ es müssen vnder euch spaltungen sein/ damit die Gerechten probiert werden.

G 2

Er schleußt aber nicht darauß/ daß die Lehr der Corinthier soll darumb verdamlich sein/ dieweil etliche sich zancken / dann er weist wol/ daß der Teuffel der rechten Kirchen am meisten zusetzet.

5. Es befindt sich auch nicht allein in heiliger Schrifft/ sonder auch in den Historien/ daß bey der waren Kirchen offtermals gezänck erstanden seind. Es waren wenig Apostel Christi/ noch dannoch gerhaten sie in zanck / da ein jeder wolt der gröst vnnd fürnembst sein. Also meldet auch Lucas in der Apostel Geschicht/ wie Paulus vñ Barnabas sich zweiet haben / daß sie darüber voneinander seind gezogen/ auch die Epistel an die Gallater meldet/ daß Paulus Petro vnder das angesicht gestanden/ vnd seines jrthumbs jhn anklagt hab.

Act. 15.
20.

6. Hernach ist auch ein grosser streit gewesen/ bald nach der Apostel zeit / des Ostertags halben/ zwischen Polycarpo vnd Aniceto, Polycrate vnnd Victore/ zwischen dem Irenæo / sampt andern Bischoff in Franckreich. Deßgleichen seind auch streittig gewesen Irenæus vnd der Bapst Cornelius/ der sich des Primats anmassete. Item Basilius/ vnd die Kirchen zu Cæsarea/ der Ceremonien vnd Kirchengesäng halben. Item Chrysostomus vnnd Epiphanius/ der Lehr vnnd Bücher Origenis halben. Es hat auch vil gezäncks geben mit den Orientalischen Kirchen/ vnnd der Römischen/ da eine über die ander hat wöllen gewalt haben.

7. Es seind die alte Vätter nicht allein in etlichen Articuln einäder zuwider/ sonder auch in den außlegungen der H. Schrifft gantz widerwertig/ wölches
kein

Bäpstischen Gegenwürff. 53

kein Papist/ so in Patribus belesen/ würdt mit Warheit leugnen künden. Hierauß volgt nicht/ daß darumb die Lehrer des Euangelij/ vñ die rechte Kirch/ so weder an Personen noch Ort gebunden/ von etlicher gezänck oder widerwertige meinung wegen/ solte geschmächt/ vnd für falsch erkannt werden.

8. Ich rhat den Papisten/ daß sie zuuor den Balcken auß jhren Augen ziehen/ ehe sie die Splitter in der Euangelischen Augen angreiffen.

Daß ich will kurtzlich beweisen/ daß vil ein grewlicher zweitracht bey den Papisten ist/ dann bey vns Euangelischen.

9. Erstlich seind sie in mehrern Articuln des Glaubens/ der Lehr Christi vnnd der Apostel zuwider/ wie wir solches im vorigen Capittel gnügsam haben zuerkennen geben/ vnd diß ist der höchste vnd gefährlichste zweitracht/ so jmmer sein kan.

10. Darnach so seind sie jnen selbs zuwider/ in dem sie zumal widerwertige meinung bestehtigen/ als sie fürgeben: Man solle glauben ein verzeihung der Sünd/ vnnd ein ewiges Leben/ wie die Articul des Glaubens bezeugen/ wölche sie auch mit dem mund bekennen. Hergegen soll man zweifflen an der Gnad Gottes vnd vnser seligkeit / Concil. Trident. Item: Die Seelen/ so im Glauben entschieden/ in Christo rhüen/ vnnd im schlaff des friedens seind (wie jhre wort im Canone lautten) denen soll Gott ein ort der erquickung/ des Liechts vnnd des friedens mittheilen/ das ist/ auß dem Fegfewr erledigen vnd selig machen. Canonis Missæ verba. Item: Wir werden durch Christũ selig/ wölcher von Sünd/ Tod/ Teuf-

Widerlegung der

fel vnnd Hell vns hab erlößt/ vnnd vns volkomlich durch seine gnugthuung versünet/ wie Lautherius zů München offentlich wider D. Iacobum Andreæ bezeugt. Darneben soll man nicht allein glauben/ anderer lieben Heiligen verdienst/ sonder auch halten/ daß man durch gutte Werck die Sünd versühne/ den Zorn Gottes stille/ vnnd das ewige Leben erlang. Petrus Asoto in Assert. Cathol. Item: Die Sacramenta seien notwendig zur seligkeit/ doch sollen sich die Priester des Sacraments (wie sie es nennen) der Ehe/ nicht gebrauchen/ dann es sey ein fleischlicher stand. Item: Man solle die Götzen nicht anbetten vnnd ehren/ sonder das durch sie angedeuttet wiirdt/ doch soll man darfür niderknulen/ weitten Weg darnach wallen/ ob man schon daheim auch derselben Götzen hat/ daran man sich erinnern kan/ man soll sie halsen/ küssen/ auch den Palmesel nicht außgenommen/ mit Kleider vnd Opffer versehen/ vnnd gar biß in der angehnden Nonnen beth hineinlegen. Sie lehren/ man solle die Mariam ehren vnd anbetten/ vnd sprechen zů jhr/ Vatter vnser/ rc. Item den heiligen Märterer soll man das Aue Maria sprechen. Wie reimet sich aber das? Sie geben Ablaß auß auff vil tausent jar/ auch daß man von mund auff gehn Himmel fahr/ sonderlich wann man sich in Ordens-kleider laßt begraben. Aber dannoch sollen solche Begengnuß/ Jartäg/ Dreissigsten/ vnd ewige Liechter stifften/ welche ding zů jhrer Seelen/ vnnd leibs heil vnnd erlösung dienen. Sie sprechen/ man soll zweiffeln an der Gnad Gottes/ vnd sprechen doch in jhren Gebetten/ Amen/ das ist/ das solle/ vnd würdt
gewißlich

Bäpstischen Gegenwürff.

gewißlich geschehe. Dergleichen widerwertige Lehren künde man mehr erzölen / darauß man den jrrgeist des Bapstumbs erkennen kan.

11. Zu dem dritten/ so seind jre Lehrer vnnd vorsteher/ ja auch die Bischoff vnnd Bäpst/ sampt etlichen Concilijs / selber dermassen vneinig/ daß sie billich vnser vneinigkeit solten vergessen / wölches ich kürtzlich will beweisen.

12. Es befindt sich in Historien / daß etlich mal zwen oder drey Bäpst zumal gewesen seind/ da einem diß / einem andern ein anders Land beifal gethon hat/ vnnd haben einander darüber in Bann gethon/ als zur zeit des Keisers Henrici Nigri/ da Benedictus 8. Syluester vnd Gregorius 5. miteinander gestritten haben.

13. Es haben die Papisten zusamen getruckt die Decreta oder Canones der Bäpst / darinn gemelt würdt/ was berürte Bäpst nacheinander gesetzt vnd geordnet haben. Da befindt man/ wie sie so widerwertig einander gewesen seind / was der ein bestehtiget/ das laugnet vnd Cassiert der ander widerumb/ also / daß sie auch einander bißweilen in Bann gethon/ vnd die todte Cörpel jhrer vorfarenden Bäpst außgraben / vnnd schmelich verlegt haben/ das mag man lesen vom Bapst Stephano/ dem dritten des namens/ Romano, Ioanne 10. Sergio 3. Item sie lassen zu in eim Canone (Distinct. 28. Si quis. Item diaconi 31. Quoniam Nicæna. Distinct. 81. cap. Proposuisti, &c.) daß ein Priester mög ein weib nemmen/ dargegen in der 31. Distinct. verbieten sie eim Priester ein weib zunemmen. Caus. 2. quæst. 7. würdt zugelassen/
daß

Widerlegung der

daß die Prelaten vnd Geiſtliche Oberherren/ mögen von jhren vnderthonen geſtrafft werden. Aber Diſt. 40. würdt angezeigt/waň ein Bapſt das volck hauffechtig in die Helle hinab füret/ſolle niemandt macht haben jhn zufragen/warumb das geſchehe. Diſtinct. 34. würdt zugelaſſen/daß einer ſo kein Eheweib hat/ ein Concubinam mög haben.Derwider verbieten ſie es in andern / wie auch recht iſt. Gelaſius der Bapſt ſagt/es ſey ein Diebſtal / nur vnder einer Geſtalt zu Communicieren / vnangeſehen was die Gloſſatores darzu geſchmiert haben / de conſec.Diſt.2.Can.Comperimus, &c. Hergegen haben ſie beim Schwerdt/ fewr vnd Waſſer verbotten / dem Laien mitzutheilen die beide Geſtalt im Nachtmal. Bapſt Pelagius hat gebotten den Vnderdiaconis in Sicilia/ ſich von jhren weibern zuenthalten.Diß Decret hat Gregorius der erſt / widerruffen/ cap.1.Diſt.31. Cœleſtinus erlaubt dem andern Ehegemecht/ wider in die Ehe zugreiffen/wann das ander in Ketzerey gefallen iſt. Innocētius will ſolches nicht haben. Diſtinct.16. werden die Canones Apoſtolorum verworffen/vnd Apocryphi gemacht. Diſtinct.32. cap.Præter / werden ſie wider zugelaſſen. Bapſt Zepherinus will/man ſolle 60. allein darauß zulaſſen/aber Bapſt Leo will alle auſſer 50. approbiert haben.

Diſt.2. de pœni. Charitas eſt,&c.beſtehtigen ſie/daß allein durch den Glauben / vergebung der Sünd erlangt werde. Fidei ſola venia permittitur. Item mox: Sola fide peccata relaxantur. De conſecrat.diſt.4.Fir miſſ. Item: Eramus enim natura filij iræ, à qua nullus liberabitur,niſi per fidē Mediatoris hominis Ieſu Chriſti. Jm

### Bäpstischen Gegenwürff.		57

stl. Im anderen lehren sie das widerspiel/ 2c. Item de coniec. dist. 2. Peracta, &c. gebieten sie/daß alle Menschen in der Kirchen nach der Consecration/ sollen das Sacrament empfahen. Diß widerstrebet der Winckelmeß von Bäpsten geordnet/ da der Pfaff allein isset vnd trincket. Item Dist. 93. Ca. Legimus. Dist. 99. ca. Prim. Item Distin. 4. cap. Multi, &c. würdt des Bapsts gewalt abgeschaffet/vnd angezeigt/ daß alle Bischoff vñ Priester gleichs gewalts seien. Dar gegen haben sie Canones/die den Bapst über alle Bischoff der Welt erhöhend. Distin. 44. cap. Non oportet, &c. werden den Pfaffen verbotten/daß sie in kein Wirtshauß gehn sollen/wölches jnen jetz frey gelassen würdt/2c. Dist. 32. capit. Nullus. Item cap. Præter, würdt gebotten/man solle von keinem Pfaffen / der ein Concubinen/ das ist / ein vnehelich weib/bey sich hat/die Meß hören. Vnnd so ein Pfaff kinder hab/ solle man jn alles Priesterlichs ampts vnd ehren entsetzen. Gratianus Dist. 1. de Pœnitentia/ zeigt an/daß die Orenbeicht nicht sey zur seligkeit notwendig/ 2c. Diß vnd dergleichen widerwertigs befinden wir vil in jhren Bäpstischen Decreten vnd Satzungen/ deren ich nur etlicher weniger hab meldung gethon.

14. Neben dem / so laßt vns nun ein oder zwey Exempel hören/was die Bischöff vnd Concilia von jren Bäpsten haben außgeben / vnnd was hergegen die Bäpst sich haben wider die Concilia angemasset. Es ist alle zeit grosses gezänck gewesen/ob der Bapst über das Concilium sey / oder das Concilium über den Bapst / darüber seind vil Bücher in den Truck außgangen/ will der eltern Concilien geschweigen/

h			vnd

Widerlegung der

vnd zubedencken geben die Concilia zů Coſtnitz vnd Baſel/ vor 100. jaren gehalten/ da gnůgſam zuerkennen iſt/ was für ſtreit ſeien geweſen/ zwiſchen dem Bapſt Eugenio/ vnd dem Concilio/ da der Bapſt in Bann vom Concilio iſt gethon worden/ hergegen auch der Bapſt/ das Baſiliſch Concilium/ widerumb als Ketzeriſch verdampt/ vnnd ſeind darüber vil Bücher geſchriben worden. Im 1547. jar/ iſt das Concilium zů Trient gehalten worden/ da zwiſchen dem Bapſt Paulo 3. den Teutſchen vnd Hiſpaniſchen Biſchoffen vnd Prelaten/ groſſer ſtreit vnd vneinigkeit entſtanden geweſen/ wölches man in etlichen Schrifften zů Baſel getruckt/ auch in den Hiſtorien Sleidani auffgezeichnet/ mercken kan. Ja auch Catharinus ein Biſchoff/ der bezeugts wider den Münch Aſotum/ daß die Vätter im Concilio zů Trient/ nicht haben beſchlieſſen künden/ wie einer doch der Gnaden Gottes gewiß wurd/ oder ob der Sünder daran zweiflen müß/ darumb ſie es auffgeſchoben/ vnd den Sophiſtiſchen Tittel geſetzt: Contra inanem fiduciam hæreticorum/ will jetz geſchweigen/ was ſie für gezänck haben/ biß daß ein jeder ſeinen Sitz im Concilio bekompt.

15. Wann man liſet in Auentini Annalibus/ ſo im 54. jar zů Ingolſtatt getruckt worden/ da findt man die ſchöne einigkeit der Papiſten. Dann lib. 7. würdt gemeldt/ wie der Ertzbiſchoff zů Saltzburg/ Eberhardus/ vor 200. jaren/ in einer Reichsverſamlung fürgetragen hat/ daß die Bäpſt vnnd Babyloniſche Pfaffen (wie ers nennet) mit vnerſetlichem Geitz beſeſſen ſeien/ alſo/ daß ſie täglich practicieren/ damit

ſie alles

Bäpstischen Gegenwürff.

sie alles vnder jren Gewalt bringen/ sie setzen sich in Tempel Gottes/ vnnd sprechen: Ich bin Gott/ich kan nicht jrren/ich bersch weit vnd breit. Dises Bischoffs wort hab ich im anfang diß Büchlins vermeldet/ da ich auch hinan gesetzt/ wie die Ertzbischöff zu Cöln vnd Trier/ im namen jr selbst/ vnnd anderer Prelaten am Rhein/ den Bapst Nicolaum 1. vnder die Augen gesagt haben/ daß er sey ein Tyrann/ ein Wolff/ ein Heidnischer Abgott Iupiter/ ein betrieger vnd hoffertiger Herr aller Herren. Item man lese/ was Erasmus offt wider die Bäpst vnnd Prelaten schreibt/ als in Chiliadib. In Prouerb. Sileni Alcibiadis. In encomio Moriæ circa finem, & alibi.

16. Will auch von kürtze wegen hie nicht melden/ was etlich jar her die Theologi Parisienses/ wider die Bäpst vnd der Römischen Kirchen Pracht/ vñ ergerlich leben geschriben haben. Der Bapst Johannes hat offentlich gesagt (wie Gerson in sermone Paschali anzeigt) daß die Seel mit dem Leib/ biß zu der zeit der Aufferstehung absterb/ darwider hat sich die Schül zu Pariß auffgeleinet/ vnnd den König in Franckreich bewegt/ daß er allen seinen vnderthonen gebotten/ mit dem Bapst kein gemeinschafft zu haben. Iulius 2. hat das Concilium zu Pisa/ mit gewehrter hand/ Anno 1511. verjagt/ daß es nach Meyland hat weichen müssen/ wölcher Iulius/ wie man von jhm liset/ bey 200000. Menschen durch Krieg/ vmb leib vnd leben gebracht. Die künde auch erzölet werden/ wie die Bäpst wider den Keiser/ als wider die Fridericos, Ludouic. 4. vnnd andere vil mehr/ gewesen weren/ sie mit Practick vnnd gefärlichen

Kriegen

Kriegen geengstet / als daß der Bapst Gregorius 9. (vt Auentinus scribit) frey bekannt / daß / weil das Römisch Reich der Teutschen zumechtig/derwegen von nöten were/solches durch Krieg vnnd vneinigkeit nicht allein zuschwechen / sonder auch vnderzutrucken.

17. Es möcht auch hie nach der lenge erzölet werden / die streit der Römischen Bäpst / so sie mit den Orientalischen Kirchen / mit den Kirchen in Africa/Hispania/Engelland/Teutschland gehabt/was für streit haben gehabt die Bettelmünch vor 200. jaren/mit dem Bischoff Richardo von Hybernia/ mit der Hohenschül zů Pariß / da sie seind viler grober jrthumb anklagt worden: Was haben für ein grossen streit gehabt/Catharinus der Bischoff/ vnnd Münch Asotus/Kay. Maiestet Beichtuatter/wölcher für ein Saul des Bapsts gehalten würdt / dise haben kurtzuerschiener zeit von Gwißheit der Gnaden Gottes / von der Fürsehung Gottes / von der Erbsünd/vnd von dem Freien willen / widereinander geschribē / vñ ist solcher zanck nicht ohn schmachwort abgangen/des Catharini schrifft ist zů Rom getruckt worden/ Anno 1551. wider den Sotum / vnnd zů Antorff des von Soto/wider den Catharinum. Also hat auch Catharinus der Bischoff/wider den Cardinal Caietanum geschriben / vnd in seinem Bůch vil jrthumbs herauß klaubt.

18. Man soll auch gedencken daß Gerson/ ein Cantzler der Hohenschül zů Pariß/ nicht vergebens klagt über jrer Theologen vneinigkeit / da einer ein Thomist/der ander ein Occanist/ der dritt ein Scotist hat

Bäpstischen Gegenwürff.

hat wöllen sein. Wer nun wolt der Sententiariorum vneinigkeit beschreiben/der würde vil Bletter füllen.

19. Es wissen die Papisten gar wol/was ein jedes Land oder Statt für Abgötter vnnd Nothelffer gehabt/da man an dem einen ort Petrum/an dem andern Iacobum/vñ also fortan für Heiligen zu Patronen vnd schutzherrn auffgeworffen/wie auch also mancherley Orden seind/da ein jeder durch seine Reglen begert selig zuwerden.

20. Vnd damit ichs beschließ/so sehe man nur zu diser zeit/wie vnsere Widersacher so gar widereinander seind/im höchsten Artickul vnser Seligkeit betreffend/nemlich von der Gerechtfertigung. Es schreibt D. G. Lautherius zu Münchẽ (wider H. Doctor Iacob Andreæ) als schutzherr der Römischen Kirchen/daß Christus hab gnug gethon für der gantzen Welt Sünd/nicht allein für die Erbsünd/sonder auch für die täglich vnnd würcklich Sünd/also/daß durch seine Gnad wir selig werden/vnd bestehtigt/daß die Römisch Kirch nie anderst gelehrt hab. Die application vnd zueignung des verdiensts Christi aber/schreibt er dem Glauben vnnd gutten Wercken zu/sampt allen Ceremonien. Nun wöllen wir hergegen hören/wie die andere Bäpstische Lehrer so vngleich darwider schreiben. Etlich schreiben/Christus hab gnug gethon für die Erbsünd/vnnd die wircklichen Sünden/so ein alts Mensch vor seinem Tauff begangen hab/für die tägliche Sünd müssen wir selbst gnug thun. Etlich schreiben/Christus hab gnug gethon für die Sünd/aber für die straff der Sünden/muß ein Mensch zum theil in diser Welt/

Widerlegung der

zum theil im Fegfewr abbüſſen. Item/ein Menſch
kan für ſich vnnd andere gnůg thůn. Durch gůtte
Werck verdient ein Menſch drey ſtuck/nemlich/das
ewige Leben/nachlaſſung der Peen/vnnd merung
der Gnaden. Compend. Theolog. Item/man würdt
nicht allein Gott angenem durch Chriſti verdienſt/
ſonder auch der lieben Heiligen. Item der Glaub
rechtfertige vns im anfang/die Werck aber bereiten
vns eins theils zů der Gerechtfertigung / anders
theils ſo volenden ſie die Gerechtfertigung. Es haben
ſich wol etlich hören laſſen/Chriſtus hab allein für
die Menſchen im alten Teſtament gnůg thon/vnnd
für die Kinder vnd Seuglin/aber die Alten vñ volkomnen des newen Teſtaments / ſo in einer genad-
reichen zeit leben/müſſen durch jre eigne Werck/Ge-
rechtigkeit vnnd ewigs Leben erlangen. Diſe meinung aber haben vnſere Widerſächer / als vntüch-
tig/nicht faſt triben.

Item / wir werden ſelig durch die Gnad Gottes/
ſo ein eingegoſſne liebe der Menſchen iſt. Wir werden
ſelig durch die gůtte Werck/ſo beſprengt ſeind mit
dem Blůt Chriſti. Wer nun diſe vnd dergleichen mei
nungen wol bedenckt/der befindt/wie jrrig vnſere
Widerſächer ſeind/ alſo daß ſie gnůgſam mit jhren
eignen ſpaltungen zůſchaffen hetten / vnd billich ſich
ſelber ſolten erkennen/ehe dann ſie vnſer Religion ta-
delten / wölche von etlicher Perſonen mängel vnnd
fehl wegẽ/nicht billicher weiß/kan noch ſoll vnrecht
vnd verfälſch geſcholten werden.

21. Wir müſſen bekennen/daß der Teuffel vnrůwig iſt/vnd jetz am meiſten die Glidmaß Chriſti an-
ficht/

Bäpstischen Gegenwurff.

sicht vnd zufällen begert/ dañ es will zum Jüngsten Tag sich nehern/daher er sein Reich gern wolt erweitern/vnnd Christi Kirchen ein abbruch thůn. Das hat vns Christus selbst vorgesagt/da er spricht: Wañ des Menschen Son kommen werde/ ober auch ein Glauben werde in der Welt finden? Daher wir billich vns wol fürsehen sollen/ vnnd desterr fleissiger zů Gottes Wort vns halten/es haben die accidentia Ecclesiæ für ein ansehen / wie sie jmmer wöllen / dann darbey solle es bleiben/ wie Christus sagt : Vatter/ dein Wort ist die warheit. Vn wie hergegen der Vatter von seinem Son Christo zeuget: Das ist mein geliebter Son/ in dem ich ein wolgefallen hab/ den solt jr hören. Darbey erhalte vns auch der Allmechtig Gott biß an das end/ Amen.

XI. Gegenwurff.

Hat doch Lutherus selbst dem Bapstum̃ beifal thon / das Fegfewr / anrüffung der Heiligen/gehorsam gegen dem Bapst / sieben Sacrament / ein Gestalt des Sacraments zugelassen/wie wir in seinen Schrifften solches zubeweren vrbittig seind.

I. Antwort.

ES ist nicht zů leugnen / das Lutherus seliger/ dise vnnd andere Bäpstische Grewel vnnd jrthum̃ hab zugelassen/ja auch mit ernst bestetiget/zů der zeit / da er noch nicht dermassen zů dem
erkannt

erkanntnuß der Warheit/ wie hernach/ kommen war.

2. Dann diser Man Gottes ist nicht plötzlich/ wie Paulus bekehrt/vnd auß dem Bapstumb gerissen worden/sonder nachdem er den Ablaßkrom/so der Münch Detzel in Teutschland gebracht/angefochten/hat im Gott Gnad geben/daß er durch fleissiger erforschung der H. Schrifft täglich in der Warheit des Euangelij zugenommen hat/ vnd die Bäpstische irrthumb/mit wölchen er verhafft/nacheinander/mit rechtgeschaffner Buß hat hingelegt/ biß er endtlich sich dem gantzen Bapstum/auch allen Rotten vnd Secten/mit grund Göttliches Worts vnnd rechtgeschaffnem eiffer zuwidergesetzt/ vnd zur Ehr Gottes/vnnd nutz der gantzen Christenheit grundtlich außgefüret hat. Derwegen man die zeit vñ vmbstand seines schreibens soll bedencken/ so würdt man sich ab seinen widerwertigẽ Schrifften nicht ergern.

3. Weiß aber auff diß mal nicht besser zuantworten/ als daß ich des H. Lutheri wort selbst hierzü schreibe/ wölche im ersten Theil seiner Latinischen Bücher zufinden seind/ so also lautten: Vor allen dingen bitt ich von dem Gottseligen Leser/ durch Christum vnsern Herren/ daß er meine Schrifften mit verstand vnd erbarmung lese/vnd wisse/daß ich erstlich bin ein Münch/ vnd vnseliger Papist gewesen/vnd also ertruncken im Bapstumb/ daß ich alle die jenige/so dem Bapst zuwider/zutödten/ oder anderst zuuerfolgen/bereit war. Ich war ein Saulus/ wie auch andere mehr auff den heutigen tag gefunden werden. Es war mir nicht zü müt/wie Doctor

Ecken

Bäpstischen Gegenwurff. 65

Ecken vnnd seinesgleichen/ wölche mehr vmb des Bauchs willen den Bapst haben defendiert/ dann daß jhm es recht wer zů Hertzen gangen. Ja es laßt sich ansehen/als spotteten sie des Bapsts/wie die Epicureer. Ich hab es ernstlich gemeint/ als der ich den Jüngsten tag förcht/ vnd selig beger zuwerden. Daher man in meinen Schrifften vil ding findt/ die ich dem Bapst in demůt hab zugelassen/ wölche ich in nachfolgenden Schrifften wider hab verdampt/ vnnd für Gottslesterlich gehalten. Derhalben soll mir ein gůthertziger Leser solches zum besten auß rechnen/vnd solche widerwertige Lehr/ der zeit vnd meiner vnwissenheit zurechnen. Hactenus Lutherus.

4. Also hat Lutherus seliger verhofft/die Papisten vnd andere/werden jhm sein widerrůff/als dem D. Augustino seine Retractationes/ im besten auffnemen. Dann es vil loblicher ist/ vnnd der Seelen heil befürderlicher/ daß man von jrthumb abstehe/ vnnd dieselbige offentlich widerrůff/ dañ daß man darinn halßstarrig verharr/vnd darüber das Hellische verderben zugewarten hab.

XII. Gegenwurff.

Die Lutherischen schreien vil von der Bibel/ vnnd heiligen Schrifft/ so sie doch ein Bibel haben/ wölche vom Luthero verfelschet worden/ wie Staphylus vnd andere genůgsam bewisen haben.

J   I. Ant-

I. Antwort.

Dieweil der Gottsgelehrte Man/ Lutherus seliger/ der Kirchen auß sonderm Göttlichen eiffer hat dienen wöllen/ mit der verdolmetschung der Bibel/ so zuuor Hebraisch vnd Griechisch beschriben/ hat das Werck erfordert/ daß er sich der Teutschen art zureden hierinn gebrauch/ vnnd nicht ein wort nach dem andern in vnser Muttersprach setze/ wölches kein rechten verstand geb/ sonder den sinn vnd innhalt auß dem Hebraischen vnd Griechischen Text herauß bring/ wölches in der Dolmetschung der Sprachen nicht die geringste kunst/ auch mühe vnd arbeit ist.

2. Dessen rhümet sich Hieronymus/ der in etlichen Vorreden/ sonderlich über die History von der Judith meldet/ wie er nicht alle zeit von wort zu wort verdolmetsche/ sonder sensum è sensu/ das ist/ den sinn begreiffe er in der Hebraischen sprach/ vñ bring denselbigen in die Lateinische sprach.

3. Es solte billich solche arbeit Lutheri/ hoch gerümpt werden/ von jhrer würdigkeit wegen. Dann die Gelehrten selber bekennen müssen/ daß die Bibel Lutheri nicht allein gutte Teutsche wort vnd reden mit sich bringt/ sonder auch an statt einer Außlegüg zugebrauchen sey/ weil er den Sententz vnd meinung mit gutten verstendigen worten hat klar vnnd hell gemacht/ wölches man in der alten Translation vñ Teutschẽ Bibel/ so vor der zeit Lutheri ist im brauch gewesen/ nicht findt.

4. Ob schon etlichs wenig in der Bibel möcht getadlet

tadlet werden/als hett Lutherus seliger/die eigenschafft der wort nicht gnügsam erreicht/wie dann
kein Dolmetscher erfunden würdt/der alles dermaß-
sen treffe/da nicht einer nach jhm komme / wölcher
darinnen etwas tadlen möcht/jedoch soll man loben
den grossen fleiß/so er nicht allein auff die wort/son-
der auch auff den jnnhalt der heiligen Schrifft gewendet hat/vnd so vil verricht/als jm möglich/ vnd
jm vnd andern Gelehrten leutten/so darzü geholffen/
Gott gnad verlihen hat.

5. Vnsere Widersacher loben die alte Lateinische
Translation/so man Translationem vulgatam nennt/
vnnd approbieren sie im Trientischen Concilio, anno 52. gehalten. So doch dieselbige an etlich hundert
orten vnartlich vnnd falsch verdolmetscht/ wie Doctor Eck/ vnnd der Diettenberger/durch jhre newe
Translation bezeugen/ vnnd auch Erasmus daßsel-
big klagt/wölches meinung jm Bapst Leo 10. gefallen laßt. Warumb wöllen sie dañ Lutheri Teutsche
Bibel/als verfelscht verdammen/weil sie doch nicht
probieren künden/daß solche jrrthumb/wie in der alten Lateinischen Translation / darinn gefunden
werden?

6. Es hat Lutherus niemandt gedrungen zü seiner Bibel/wölche er/weil die alte Teutsche Bibel an
vilen orten nicht verständtlich gewesen/der Euangelischen Kirchen zugüt verdolmetscht hat. Was geht
es nun die an/die draussen seind / wann vnsere Papisten mit vns wöllen von Artickuln des Glaubens
handeln/vnnd auff die eigenschafft der wort gehn/so
mögen sie die Hebraische oder Griechische Bibel für
sich

sich nemmen/vñ zů der Hauptspꝛach lauffen/so werden noch wol so gelehꝛte leut vnder den vnsern/durch die Gnad Gottes erfunden/wölche jnen darauß mögen bescheid geben.

7. Es erbieten sich auch vnser parthey Gelehrten/daß sie auß den alten Biblien/ so von Papisten approbiert worden/ wöllen mit jhnen Conferieren/ vnnd darauß beweren/ daß der Papistische Gottesdienst/voꝛ dem angesicht Gottes/grewliche Abgötterey sey.

8. Damit wir aber im grund sehen/wie boßhafftig die Papisten/ das herzlich vnd loblich Werck der Teutschen Bibel Lutheri schenden/so will ich kurtzlich etliche Sprüch der H. Schꝛifft/ nacheinander verzeichnen/darinn Emserus, Staphylus/ vnd andere/ Lutheri verdolmetschung/als falsch vnd betruglich haben anklagt.

9. Erstlich geben sie für/ Lutherus seliger/ habe das Vatter vnser an etlichen oꝛten verfelscht/ nemlich da er hat außgelassen die woꝛt (Der du bist) hab allein gesetzt / Vnser vatter im Himmel/ wölches so ein spötliche anklag ist / daß sie keiner antwoꝛt werth soll geachtet werden.

10. Darnach hab er verteutscht / Das täglich Bꝛot/wölches solt heissen/das überselbstendig Bꝛot. Die möcht sich ein Teutscher wol verwundern/ was überselbstendig hieß. Ja wañ man das wörtlin ἐπιούσιον wolt genach verteutschen/so müßt man sprechen: Das überwesentlich Bꝛot/wölches keinē rechtē verstand in Teutscher sprach mit sich brechte. Darumb gibt Erasmus Roter. gůtte vꝛsachen/ daß es recht sey/

Panem

Bäpstischen Gegenwürff.

Panem nostrum quotidianum da nobis hodie. Das täglich Brot gib vns heut. Daß solches worts (quotidianum) haben sich auch die Alten gebraucht/vnnd Emserus selber im Euangelisten Luca 11. cap. gebraucht sich solches Teutschen worts (Täglich.)

11. Endtlich so geben die Papisten für/Lutherus hab etliche wort zum Gebet (Vatter vnser) hinzugethon/ als: Dann dein ist das Reich/ vñ die Krafft/ vnd die Herrligkeit in ewigkeit/Amen/ so man doch in der Dolmetschung nichts soll hinzůthůn. Aber wenn sie die sach recht bedencken/ so seind dise wort der H. Schrifft nicht zuwider/sonder mehrent einem Christen den Glauben/ erinnern jhn der Krafft vñ Macht Gottes/auff daß er mit freudigem hertzen/ zů Gott růff/vnd jm alles gůts vertrawe. Darneben aber hat Lutherus solches nicht von jhm selber gesetzt/sonder er hats im Griechischen Text gefunden/ wie dann auch die Altuätter/Chrysostomus vñ Theophylactus/solche obermeldte wort erklären vnd außlegen/daher man erkennen kan/daß sie nicht von Luthero erst hinzugesetzt worden seien.

12. Es solten vnsere Widersächer bedencken/ daß wir nicht klagen/ ob sie schon zů den Psalmen vnnd Gebetten hinzů gethon: Gloria patri & filio, & spiritui sancto. Dann dieweil es Göttlichem Wort nicht zuwider ist/so tadlen wir es nicht/wa sie sonst nicht solcher wort zur Abgötterey gebrauchten.

13. Darnach so geben sie für/ Lutherus hab den Englischen Grůß verfelscht/ daß er hab gsetzt (κεχαριτωμένη) die Holdselige/so es solt heissen/Du bist voller Genaden/wölche außlegung nicht dem Griechi-

J 3. schen

Widerlegung der

schen wörtlin gemeß/ vnnd vil seltzamer opiniones mit sich bracht hat. Aber sie sehen nicht an die eigenschafft des worts/wölches heißt auff Teutsch/ Gnadenreich/Huldselige/das ist/selig von Gnad vñ huld. Dañ die liebe Maria ist auß huld vnd Gnaden Gottes zur Gebererin Christi erwölt worden/wie solches jr Lobgsang bewert/ vnnd der Engel diß wort hernach selbst erklärt/als er spricht: Du hast Gnad gefunden bey Gott. Igitur non actiue, sed passiue dicitur gratiosa.

14. Ferner zeigē sie an/Lutherus hab den Spruch verfelscht/Joan.2. Τί ἐμοὶ καὶ σοι γύναι. welchen er Teutschet: Weib/was hab ich mit dir zuschaffen/oder am rand: Was geht es mich vnd dich an? Da solt er gesetzt haben: Weib/was mir vnd dir. Aber sie mögen Erasmū daruon hören/wölcher des Lutheri Teutsch bewert/dieweil das ander kein rechten sensum vñ verstand mit sich bringt. Es gebraucht sich diser red die H. Schrifft an mehr orten/ da man es nicht anderst Teutschen kan/als 2.lib.Reg.cap.6. Quid mihi & vos bis est? Jr Kinder/was hab ich mit euch zuschaffen/ oder was geht es mich vnd euch an? Item in passione Christi/sagt des Pilati weib/ μηδέν σοι καὶ τῷ δικαίῳ ἐκείνῳ 14. Quid tibi cum iusto isto negocij est? was hastu mit disem gerechten zuschaffen? Es will Christus im oberierten spruch anzeigen/sein Werck vñ Ampt werde nicht auß Menschlichen gedancken geregiert/darumb soll Maria sich nicht darumb bekümmern/es sey jm alles wolbekannt.

15. Also im Lobgesang Marie/setzet Lutherus die wort: Er hat seine elende Magd angesehen. Wölches

Bäpstischen Gegenwürff.

ches nach jhr meinung solte verteutscht sein: Er hat angesehē die demütigkeit seiner Dienerin. Weil doch das Griechisch wörtlin ταπφοφοσων nicht gesetzt/sonder ταπεινωσις/welches bedeut die vilitatem conditionis/die ringfügigkeit der Person/vnd erklärt solches Theophylactus/da er schreibt: Warumb würdt man Mariam selig sprechen / von jhres verdiensts oder tugent wegen? Nein/sonder weil an jhr Gott grosse ding gethon hat. Derwegē auch in disem sich die Papisten liederlich vnd ohne vrsach beklagen.

16. Deßgleichē tadlen sie auch die Dolmetschung des Spruchs Rom. 3. Arbitramur hominem iustificari fide absque operibus legis. Da er solches Teutsch gibt: So halten wir/ daß der Mensch gerecht werde/ ohn des Gesetzes werck/ allein durch den Glauben. Da wöllen sie das wörtlin (Allein) nicht leiden/ vnnd sprechen/es stande nicht im Text. Aber sie sollen wissen / das solches wörtlin nicht im Text stehe mit seinem Buchstaben/ sonder im sinn vnnd verstandt diser wort. Dann erstlich will Paulus in der gantzen Epistel/ den verdienst gütter Werck/ als ein vrsach der Gerechtfertigung außschliessen/ vnnd allein dem Glauben/ als der Geistlichen hand zugeben/ daß er den verdienst Christi begreiffe/vnd sich darauff vestigklich verlasset. Darnach so gibts die Teutsche sprach/ wann man von zweien dingen redt/der man eins bekennet/das ander verneinet/ so braucht man das wörtlin (Allein) als: Der Baw bringt allein Gelt/ nicht Korn. Itē: Ich hab allein gessen/nicht truncken. Darumb so haben es auch die alte Vätter in dem wörtlin (Allein) erklärt/ wie wir
im Au-

Widerlegung der

im Augustino, Chrysostomo, Ambrosio, Origene/ vnd andern/ so über die Epistel zun Römern geschriben/ lesen mögen.

17. Es klagen Staphylus vnnd andere/ Lutherus hab den Spruch Ephes. 6. verfelscht: Vt in omnibus perfecti stetis/ Daß jhr in all ewerem thůn, bestehn mögen. Hiemit sagen sie/ wölle er deß Manichæi jrthumb bestetigen/ vnd die volkommenheit in disem Leben leugnen/ dann er soll gesetzt haben: Daß jhr bestehn möcht als die volkomne. So doch das wörtlin (volkomnen) nicht im Griechischen Text steht/ sonder κατεργασάμενοι sl̃ωω/ wölches auch die alte Väter nicht nach des Staphyli meinung/ vnnd auff ein weiß erklären. Hiero. Omnia operati state. lib. 4. Epist. Cyprian. Vt cum omnia perfeceritis, stetis. Eras. Omnibus perfectis state.

18. Lutherus ist auch nicht wider die volkommenheit/ die wir in Christo haben/ vnnd vns zugerechnet würdt auß Gnaden/ Coloss. 2. sonder wider die/ so jhnen die Menschen selbst zumessen in jhren Wercken/ darwider auch Paulus ist/ Rom. 7. Das gůt/ das ich will/ das thů ich nicht/ ꝛc. Item Christus selber/ da er vns lehrt betten: Herr/ vergib vns vnser schuld. Derhalben Lutherus das wörtlin (volkommen) wölches er an andern orten offt in seiner Dolmetschung setzt/ nicht fleucht/ sonder setzet es/ wa es hingehörig ist.

19. Also bezichtigen sie Lutherum auch/ daß er zů den Römern am 3. Cap. vnrecht hab das wort verteutscht: Per legem agnitio peccati/ Durchs Gesetz/ kompt nur erkanntnuß der Sünd/ vermeint/ das

wörtlin

Bäpstischen Gegenwurff.

wörtlin (Nur) haben hinzügesetzt/ damit er Pelagij vnd Manichæi irthumb damit bestebtige. Aber wan man solches bey dem liecht besicht/ so befindt sich/ daß Lutherus den sinn vnnd innhalt diser wort betracht hat. Dann erstlich ist der innhalt dises Capittels/ daß Paulus probiert/ ein Christ mög nit durch des Gesetzes werck selig werden/ sonder auß Gnaden/ durch den Glauben an Christum. Damit er aber nicht wurde geachtet/ als verwurff er das Gesetz gar/ so setzet er/ warzü das Gesetz dienlich sey/ nemlich zum erkanntnuß der Sünd/ da gibt diß wörtlin (Nur/ solum) ein rechten verstand/ dardurch zuerkennen geben würdt/ die Sünd werde allein/ vñ nur auß dem Gesetz erkennt/ nicht auß dem Euangelio/ wölches von der gnadenreichen verzeihüg der Sünden handelt. Dise Lehr hilfft weder dem Manichæo/ noch dem Pelagio/ sonder stimpt überein mit der Lehr Pauli/ so er auch in der j. Epistel an Timoth. im j. Cap. fürt/ da er anzeigt/ wie das Gesetz dem gerechten nicht geben sey/ sonder dem vngerechtē/ nemlich darauß die Sünd vnd last zuerkennen. Was Lutherus vom Gesetz gehalten hab/ mag man in seinen Schrifften lesen/ fürnemlich die er wider die Antinomos geschriben/ so würdt man finden/ daß er das Gesetz Gottes nicht verkleinert/ sonder daßelbige dermassen scherpfft/ vnnd sein eigenschafft darthůt/ daß billich die Papisten/ wenn sie auff den grund der Warheit achtung geben/ nichts tadlen solten/ ꝛc.

20. Darnach so muß vnsern Widersächern auch der Spruch. 1. Cor. 9. verfelschet sein/ wölchen Lutherus also zů Teutsch gibt: Haben wir nicht auch

K   macht

macht/ein Schwester zum weib mit vmbher zufüren: Das solt nach jrer meinung geteutscht werden:
Hab ich nicht macht ein weib/ ein Schwester herumb zufüren. Aber wer auff den innhalt der wort
Pauli mercket/ der würdt bekennen/ daß der Apostel also meinet: Es wer billich/ daß die Corinthier
jn erhielten auch sampt seinem weib/ wa er eine mit
jhm herumb fürte/ wie man den andern Aposteln
mit jren weibern vnderhaltung hab gegeben/als Pe
tro vñ dergleichen. Er hab aber bißher solches nicht
gebraucht/noch von jnen begert/damit sie nicht ver-
meinten/ er predige allein von der leiblichen vnderhaltung wegen/vnd nicht mehr vmb der Ehr Got-
tes/vnd der zuhörer Seelen heil willen. Disen spruch
zeucht auch Clemens an/ als er probieren will/ daß
Paulus hab ein weib gehabt/ wie Petrus/ Philip-
pus/vnnd andere. Euseb.lib.3.cap.30. Hieuon mag
man auch lesen die Epistel Ignatij ad Ecclesiam Phila
delphicam,&c. Darumb Lutherus recht geteutscht
hat/ein Schwester zum weib herumb zufüren/ vnnd
kan der Widersacher Gloß/ so sie auß etlicher alter
Vätter Schrifft genommen/ keins wegs zugelassen
werden/ da sie fürgeben/ die Apostel haben reiche
weiber mit jnen berum̃ gefürt/ durch welcher hand-
reichung sie erhalten worden seien/ hetten also jhre
eigne Weiber anheim gelassen/ vnd mit den andern
herumb gezogen/ wölches ein vngereimpte meinũg
were.

21. In der Apostel Geschicht/Cap.3.hat Lutherus geteutscht: Petrus vñ Joannes giengen hinauff
in den Tempel vmb die neündte stund zubetten/ɪc.

De

Bäpstischen Gegenwürff.

Da sprechen die Papisten/er soll gesetzt haben/zur neundten stund des Gebetts. Dann hierauß wöllen sie jre Horas Canonicas/das ist/jre siebē Zeiten probieren. Aber es würdt ein jeder verstendiger erkennen künden/was es für ein liederliche anklag ist. Dann Lutherus leugnet nicht mit disen worten/daß im Tempel zū Nierusalē/gwisse Stunden zum Gebett seien gehalten worden/darumb auch die Jünger zur neundtē Stund sich in Tempel verfügt habē. Darzū so künden die Horæ Canonicæ/oder die Papistische sieben Zeiten/nicht auß disem Spruch gegründet werden/weil sie nach der zeit der Aposteln seind geordnet worden/auch dem verdienst Christi zuwider sein/weil man fürgibt/daß dieselbigen ex opere operato/vergebung der Sünden erwerben/vnd hindere solliches werck gar nicht/ob man es schon in frembder Sprach/vnd ohne rechte andacht thūe.

22. Ferrer in der Apostel Geschicht/im 3. Capitel/setzet Lutherus dise wort: Was wundert jr euch (spricht Petrus) oder was sehet jhr vns an/als hetten wir disen wandel gemacht durch vnser krafft oder verdienst. Da solt er gesetzt haben: Durch vnser krafft vnd Gottsdienst (εὐσεβείᾳ) Nun hat Lutherus gesehen auff den innhalt diser wort/darinn die liebe Apostel jnen nicht selber wöllen zülegen/die Ehr/so sie Christo zugeben schuldig seind/wöllen anzeigen/die wunderwerck/so sie treiben/geschehen nicht auß eigner krafft oder verdienst/sonder durch Gottes krafft/vnd Christi verdienst. Die alte Translation lautet also: Auß eigner gütigkeit.

24. Sie schreien auß über Lutheri verfelschūg/

1. Timoth. 4. μιτὰ ἐπιθέσεως τῆν χαιρῶμ τȣ πρεσβυτερίȣ/ mit handauflegung der Eltesten / da er solte geteutscht haben: Mit auflegung der hånd des Priesterthums. So doch Lutherus das wort/ Priester/ vnd Priesterschafft an rand gesetz hat. Dann etliche Exemplar haben Presbyteri/ andere Presbyterij. Es sey im nun wie es wöll / so hat Lutherus eigentlich geteutscht/ Die Eltesten/ als dann das Griechisch wörtlin solches mit sich bringet/ vnd begreifft in gemein/ die zů Epheso im Predigampt vnnd Kirchendienst gewesen seind. Gebraucht sich doch Staphylus selber diser red/ eben in dem Bůch/ so er wider die Translation Lutheri schreibt/ welches wort also lautē: Die Layen sollen sich des lesens der Bibel enthalten/ damit sie nicht den Eltesten / das ist / den Priestern in jhr Ampt fallen.

24. Zů letst/ so můß Lutherus seliger/ doch geirret haben / da er den Spruch Pauli an die Coloss. 2. Cap also verteutschet: Sehet zů/ daß euch niemand beraube durch die Philosophia vnnd lose verfürung/ nach der Menschen Lehr/ vnd nach der Welt Satzungen/ vnd nicht nach Christo. Die soll er verteutscht haben: Nach der Menschen Lehr/ vnd nach den Elementen diser Welt/ vnnd nicht nach Christo. Aber dieweil die Papisten selbst bekennen můssen/ das Paulus nicht rede von den vier Elementen/ als Wasser/ Fewr/ Lufft/ Erd/ sonder von dem/ so Christi ordnung vnnd satzung zuwider/ wie die vmbstend solches bezeugen (vocat elementa mundi, puerilia rudimenta, & traditiones mundi, quæ ad solidam doctrinā Christi non perducunt) so künden wir erkennen / daß
vnsere

Bäpstischen Gegenwürff.

vnsere Widersacher vngebürlich handlen / in dem sie Lutheri Dolmetschung also fürnemlich / one alle rechtmessige vrsachen schmehen / vnnd sich selber mit solchem falschem fürgeben / eines grossen neids vnnd vnuerstands Göttliches Worts / verdächtig machē.

25. Es solten die Papisten sich selbs spiegeln / vnd ansehen / wie sie die Bibel bißher an etlichen orten verfelscht haben / als gleich im anfang die erste verheissung von Christo gegeben: Der Samen des Weibs / würdt der Schlangen den Kopff zutretten. Da setzen sie in jhren alten Biblien: Sie werde der Schlangen den Kopff zertretten. Wöllen also diß auff Mariam weisen / wölches allein Christo / dem rechten Schlangentretter / zugemessen soll werden / wie das der Hebreische Text auch mit sich bringt.

26. Darzū haben sie den Psalter verkeret / vnnd haben allen Psalmen / so auff Gott gericht / Marien der Mütter Christi / in offentlichem Truck dörffen zūlegen / da der 49. Psalm meldet: Rūffe mich an in der not / so will ich dich erretten / haben sie gesetzt: Rūff sie an in der not / so will sie dich erretten. Item: In dich hab ich Herr gehoffet / haben sie darfür gesetzt: In dich hab ich (Maria) gehoffet. Also haben sie durchauß den Psalter boßhafftig verendert / vnd in offnen Truck lassen zū Venedig außgehn.

27. Sie verkeren mit jhrer Außlegung auch den rechten verstand der besten Sprüch in der Bibel / als im 150. Psalm: Laudate Dominum in sanctis eius. Rūffet die Heiligen an. Item Ephes. 2. Gratia estis saluati: auß eingegoßner Gnad seidt jr selig. Item: Qui in carne viuit, Deo non placet: Wölche Pfaffen im

K 3.   Ehe-

Ehestand leben/gefallen Gott nicht. Margaritæ non sunt proijciendæ suibus: Man soll die Bibel nicht den Laien vergonnen. Item 1. Cor. 11. Facite hoc ad mei commemorationem: Opfferend das zu meiner gedächtnuß. Bibite ex hoc omnes. omnes jr Meßpfaffen. Bibite ex hoc, Trincken allein darauß. Gene. 48. Vocetur nomen meum super eos, &c. Es sollen die alte Vätter vnd Patriarchen/Abraham/Isac vñ Jacob/sampt andern angerüffen werden. Dise vnd dergleichen falsche außlegungen Götliches Worts/kcünden wir vil bzingen/aber der Christenlich Leser/wölle im selber weiter nachdencken.

XIII. Gegenwurff.

Der H. Geist hat der Catholischen Kirchen nach der verheissung Christi (Joann. 16.) vil geoffenbaret/welches in der heiligen Schrifft nicht wiirdt begriffen/vnnd dannoch soll glaubt werden/dann nicht alles darinn verfasset ist/so zu vnsern Seelen heil notwendig. Es wurde übel zugehn/ wenn nichts war wer/als was in der heiligen Schrifft stünde.

I. Antwort.

Wiewol alle Ketzer (als Augustinus meldet) mit disem Spruch Christi/Joan. 16. Cap. jhre jrthumb wöllen bedecken/vnd sie des H. Geists eingeben rhämen/so ist doch offenbar/daß er felschlich

Bäpstischen Gegenwürff. 79

lich zur bestehtigung der Menschensatzungen / wölche man zur seligkeit notwendig will achten / würdt angezogen. Dann Christus erklärt sich fein / was der heilig Geist werde den Jüngern eröffnen / nemlich / nichts news / als / von Weichwasser / geweichtem Saltz / Glockentauff / Walfarten / vnnd dergleichen. Sonder spricht Joan. 14. Der H. Geist werde seinen Jüngern alles erinnern / vnnd in frische gedechtnuß bringen / was er jnen zuuor gesagt. Suggeret nobis omnia, quæ dixi. vnnd im 16. Cap. spricht Christus: Der heilig Geist würds von dem meinen nemmen / vnnd euch verkündigen.

2. Dann ob schon von Propheten / Christo vnnd den Aposteln / vil ist geredt vnd gethon worden / wölches nicht alles auffgezeichnet ist in H. Schrifft / so ist doch so vil beschriben worden / als vns von nöten ist zuwissen / vnnd auch zu vnser Seelen heil dienet. Joan. 20. Cap. Vil Zeichē thet Jesus vor seinen Jüngern / die nicht beschriben seind in disem Büch / dise aber seind beschriben / daß jr glaubet / Jesus sey Christus / der Son Gottes / vnnd daß jr durch den Glauben das Leben habt in seinem Namen. Item im 21. Cap. hernach / meldet Joannes / die Welt wurde die Bücher nicht begreiffen künden / so alles solte auffgezeichnet werden / was Jesus gethon hat. Vber disen Spruch mag man Cyrillum lesen / lib. 12. cap. 68. wölcher gleichfals darauß bewert / daß alles beschriben sey in H. Schrifft / was vns zu volkommem Glauben an Christum dienlich sey.

Daher würdt Abraham bewegt / daß er deß reichen Mans freund / zu den Schrifften Moysis vnd
der

Widerlegung der

der Propheten weiset / damit sie darauß lehrnen/
wie sie sollen der ewigen qual entgehn/ vnnd selig
werden.

4. Auch Paulus ermanet seinen Timoth.in der
2.Epistel im 3.Cap.daß er jm die H.Schrifft laß be
folhen sein/weil alles zur seligkeit notwendig darinn
verfasset ist. Die wort aber lautten also: Nun bleib
in dem/das du gelehrnet hast/vnnd dir vertrawt ist/
sintemal du weist/von wem du gelehrnet hast / vnnd
weil du von Kindswesen auff die H.Schrifft weist/
kan dich dieselb vnderweisen zur seligkeit / durch den
Glauben an Jesum Christum. Dann alle Schrifft
von Gott gegeben/ist nutz zur Lehr/straff/besserung
vnd zichtigung in der Gerechtigkeit/daß ein Mensch
Gottes sey volkommen / zů allen gůtten Wercken
geschickt.

5. Es würdt vns in H.Schrifft angezeigt/was
wesens vnd willens Gott sey/wie er sich des Menschlichen Geschlechts / durch Christum seinen geliebten
Son erbarmet/vnd dasselbig wider zů früchten gebracht hab. Darnach durch was mittel er vns solche Gnad appliciere vnd überantworte/vnd wie wir
solche empfahen/vnnd zů nutz bringen mögen.Auch
wie wir Gott mit worten vnd wercken/ für solche be
wißne gůtthaten sollen danckbar sein. Weil nun in disen stucken das heil Menschliches geschlechts be-
griffen/so gebürt niemandt zuzweiflen/ daß die heilige Schrifft vns zur seligkeit gnůgsam sey.

Daher auch Augustinus in Ioann.tract.49.cap.11.
vnd Chrysostomus in cap.Matth.22.Hom.41.Hieron.
in proæmio lib.1.comment.ad Ephesios.wie auch Cyprianus

Bäpstischen Gegenwůrff.

prianus Hom.1.in Epist. ad Titum/solches mit außgetruckten worten bezeugen.

7. Aber da geben vnsere Widersächer für/wir künden jnen in H.Schrifft nicht weisen/wa geschriben stehet/daß ein Gott sey/vnd drey Personen. Jtē/ daß Christus mit dem Vatter gleichs Gewalts sey/ daß man die kleine Kinder sol teuffen/ daß Maria ein Jungfraw sey bliben/daß in Christo zwo Naturen seien/das der H.Geist vom Vatter vnnd Son außgebe/das Christus ein vernünfftige Seel hab/ vnnd dergleichen/wölches dannoch zuglauben notwendig sey.

8. Disen geben wir zů antwort/daß ja solches nicht mit diser ordnung der Bůchstaben vnd wörter in H.Schrifft stehe/sonder der sinn vnd verstand obgemeldter proposition vnnd Sprüch/sey in Gottes Wort begriffen vnd außgetruckt. Erstlich daß ein Gott sey/bezeugt Esa.46. Jch bin Gott/ vnd keiner mehr/ein Gott/deßgleichen keiner. Deuter.32. 1.Corinth 8. Daß aber diser Gott drittig sey in der Person/bezeuget die H.Tauff/da der befelch gehet zutauffen im Namen Gottes des Vatters/ Sons vnd H. Geists. Jtem bey der Tauff Christi/spricht Gott der Vatter: Das ist mein geliebter Son/in dem ich ein wolgefallen hab/darzů kompt der heilig Geist in gestalt einer Tauben/Luc.2.3. Joan.16.

Zum andern/daß Christus gleichs Gewalts sey mit dem Vatter/würdt bewert Joan.5. Die Juden begerten Christum zutödten/dann er sagt/Gott sey sein Vatter/vnd macht sich Gott gleich. Jtem Joann.8. Jch vnd der Vatter seind eins. Zach.13. Joann.

Ea, que ex necessaria consequentia ueniūt pro expreßis habeātur, ut Iuridici dicunt.

ann.1.Colloss.1. Lege August.3.lib. contra Maximin. cap.14.

Zum dritten / daß die Kinder sollen getaufft werden / bezeugt der Spruch Matth.28.Geht hin/ vnd lehret alle Völcker/vnd tauffet sie im Namen Gottes des Vatters/Sons vnd heiligen Geists. Hiemit schleußt Christus die Kinder nicht auß. Item Joann.3. Wer nicht new geboren würdt auß Wasser vñ Geist/der kompt nicht in das Reich Gottes/so müssen auch die Kinder new geboren werden. Also ist auch die Beschneidung ein fürbild der Tauff gewesen/da die Kinder seind beschnitten worden am achten tag.Will anderer Argument geschweigen/damit man kan probieren/ daß die Kinder sollen getaufft werden.

Zum vierdten/daß Maria ein Jungfraw sey bliben / das glauben wir / weil das widerspil nicht kan auß Gottes Wort probiert werden/will geschweige/ das Proclus Cyr.Epis.den Spruch Ezech.44. dahin deuttet: Diß Thor soll zubeschlossen bleiben/rc. Aber daruon mag man lesen Epiphanium cõtra Antidicos marianitas lib.3.tom.2.

Zum fünfften / daß Christus zwen willen gehabt hab / bezeugt nicht allein die eigenschafft beider vereinigten/vnd doch nicht vermischten Naturen/ sonder auch die bitt Christi/da er spricht:Vatter/wann du wilt/so nimb disen Kelch von mir/ aber dein will geschehe/rc. Da erzeigt sich der Menschlich will / der das Creütz begerte zufliehen/ wa nicht der Göttlich sich darein ergebe.

Zum sechsten / daß Christus hab ein vernünfftige Seel

Seel gehabt/bezeugt er selber/da er sagt:Mein Seel ist betrübt biß in todt. Item Paulus bezeugts/da er schreibt: Christus sey vns in allem gleich worden/so würdt er auch ein vernünfftige Seel gehabt haben.

Zů dem siebenden/daß der H.Geist vom Vatter vnnd dem Son auß gebe/bezeugt Christus selber/da er seine Jünger anblaset/vnd spricht:Nemmet hin den H.Geist/ꝛc. Item Joann.14.16. Gall.4. Gott hat gesandt den Geist seines Sons in ewere Hertz/ der schreiet Abba lieber Vatter. Herauß mag der Widersacher nichtigs fürbringen erkannt/ vnd hergegen erhalten werden/daß alles/so zů vnser Seelen heil notwendig sey/in heiliger Schrifft begriffen werde.

9. Aber sie seind daran nicht benügt/sie bringen das Opffer Abels herfür/wölches dannoch Gott gefallen hat/ob es schon nicht in der Schrifft begriffen. Darauff geben wir disen bescheid/daß zurselbigen zeit noch die Schrifft nicht gewesen sey/sonder Gott hat selber mit dem Adam geredt/vnd hat one zweiffel Abel Gottes Wort darüber gehabt. Dann er hat es auß Glauben verricht/wie die Epistel an die Hebreer meldet/wölcher Glaub sich auff das Wort Gottes verlasset/vnd neben disem Wort auch das Fewr von Himel/als ein Zeichen Gottes Gnaden vnd wolgefallen/bey dem Opffer befunden hat.

10. Sie habē auch andere gegenwürff/als Matthei 21. da meldet der Euangelist/von den Zweigen/ so sie an Weg geworffen. Item von dem köstlichen öl Marie/damit sie Christum begossen. Dise vnd dergleichen werck/haben Gott gefallen/ob sie schon

L 2 nicht

nicht in Gottes Wort beschriben vnd befolhen seind worden. Aber wann sie die sach recht bedencken/ so seind es Werck der Liebe gewesen/ wölche nicht alle seind beschriben mit namen/ sonder werden begriffen in dem Gebott: Lieb deinen Nächsten als dich selbst/ ꝛc. Darzů haben dise Ceremonien gedeuttet auff Christi Reich/wie er ein König vnd Gesalbter des Herren sey/vnd wie es Christus meldet/ so sey er auch gesalbet wordē/ zů anzeigūg seiner Begrebnuß.

11. Daß aber Paulus von der Offenbarūg Gottes redt/ da er zů den Philipp. 3. Cap. schreibt: Solt jhr sonst etwas halten/ das lasset euch Gott offenbaren/ꝛc. Die meinet er kein andere/ dañ die dem Glauben ehnlich. Rom. 12. vñ derwegen auß Gottes Wort herkompt/ dann täglich trewe diener der Welt/ sollen den willen Gottes/ durchs Wort in der heiligen Schrifft verfasset/ eröffnen. Vnd diß bewert Paulus selber/ da er ferner nach obernañten worten hinzů setzet: Daß wir nach einer Regel/ darein wir kommen seind/ wandlen/ vnd gleichgesinnet seind.

12. Wöllen auch hiemit nicht anziehen die lächerliche Gegēwürff/ als Vuidefordus de articulis nō scriptis fürgibt: Henricus sey ein König in Franckreich/ vnd Robertus Braitz/ ein Bischoff zů Londen/ wölches nicht in der H. Schrifft stehe/ vñ dannoch war sey/ ꝛc. Dann wir nicht von eusserlichen Weltlichen sachen reden/ sonder von denen/ so zů vnser Seelen heil notwendig seind.

13. Vnnd beschliessen derhalben/ das/ ob schon vil ding seien/ so nicht in Gottes Wort außgetruckt vnd vermeldet/ vnnd dannoch glaubt mögen werden/ so würdt.

Bäpstischen Gegenwürff. 85

würdt doch in Gottes Wort begriffen vnd gnügsam
angezeigt/ was zů vnser Seelen heil notwendig ist/
darfür wir dem Almechtigen Gott/ billich lob ehr
vnnd danck sagen sollen.

XIIII. Gegenwurff.

Die Christliche Kirch kan nicht jrren/
dann sie hat gewalt zuordnen nach gůtdun-
cken/vnd man ist jr schuldig zugehorsamen.
Dann wer ausser der Kirchen ist/ der kan
kein heil bekommen/ wie zů der zeit/ alle die
ausser dem Kasten Noe waren/ müßten er-
sauffen.

I. Antwort.

ES ist gewiß/ das/ wer will selig werden/ der
muß ein Glidmaß der Christlichen Kirchen
sein/vnnd ausser derselbigen ist kein heil zůge-
warten/aber hierinn steht das bedencken.
I. Erstlich/ wölches die rechte Christliche Kirchen sey.
II. Zum andern/was jr Gewalt.
III. Zum dritten vnnd letsten / ob sie auch jrren
möge.
2. Dann es ligt nicht an dem geschrey/ wie der
Prophet Jeremias meldet/ daß man schreie: Templum Domini, &c. Die Kirch/ die Kirch/ weil alle
Rotten vnd Secten sich derselbigen rhůmē. So muß
man sich auch den eusserlichen schein nicht lassen be-
L 3 triegen/

Widerlegung der

triegen/wie zů der zeit der Phariseer vnd Schrifftgelehrten/Christi Kirchen vnd der Phariseer ein grossen vnderschied hetten/was das ansehen belangt/sonder man muß die rechte merckmal nemmen/die vns Christus selbst gibt/als er spricht/ Joann.10. Meine Schaff hören meine stimm. Item: Wer auß Gott ist/höret Gottes Wort. Wölche nun bey Gottes Wort/ bey dem rechten gebrauch der Sacrament/ bey den Gottsdiensten/so in den Schrifften der Propheten vnd Aposteln begriffen/bleiben/ vnnd dieselbige durch Menschen weißheit vnnd Satzung nicht verkeren/die seind die rechten Kirchen/ wa sie imer in der Welt jr wonung haben mögen.

3. Das befindt sich aber nicht bey der Papistischen Kirchen/wölche stracks wider das Wort Gottes/vnd den rechten gebrauch der H. Sacramenten handelt/ auch Gott nicht im waren Glauben durch Christum allein anruffet/ wie er solches durch sein Wort erfordert. Derwegen es gar nicht volgt/daß jhr Kirch die rechte Kirch sey/ von wölcher sie mit warheit möchten sagen/ daß sie nicht jrrete/ dieweil sie stracks wider Gottes Gebott/die Menschensatzungen zur seligkeit notwendig machet/ vnnd Göttliche satzungen abthůt/ mindert vnd mehret nach eignem wolgefallen.

4. Wir befinden aber in Gottes Wort kein gewalt der Kirchen/ daß sie mög ordnen vnnd setzen Gottsdienst nach eigner wilkur/vnd dieselbige enderen nach jrem wolgefallen. Deut.12. sagt Gott: Alles was ich euch gebiette/das solt jhr halten/ daß jhr darnach thůt/jr solt nichts daruon thůn/ ꝛc. Matt. 15. Vers

15. Vergebens ehret man mich mit Menschensatzungen. Matth.28. Lehret sie halten/ alles was ich euch befolhen hab.

5. Die rechte Catholische Kirch/ die soll geregiert werden von jrem Haupt Christo/ wölches befelch sie nachzusetzen schuldig ist. Dann wie Ambrosius meldet/ so man etwas zů Gottes Wort setzet oder daruon nimpt/ so handelt man wider Gottes willen: Wañ ein zeug/ spricht er/ etwas zur sach hinzů thůt/ oder verschweigt/ derselbig handelt betruglich. Derwegen man nichts hinzů solle thůn/ ob es schon für gůt anzusehen ist/ sonder man solle schlecht vnnd gerecht hindurch gehn.

6. Man lese Gabriel Biel in 3. Dist.25.qu. Vnica traduntur. Item den Münch Sotū in confut. Confess. Vvirtemb. da würdt man befinden/ wie sie selber fürgeben/ daß der Bapst nicht macht hab/ ein newen Artickul des Glaubens zusetzen/ oder einen abzuschaffen.

7. Der Gewalt der Kirchen steht in dem gemeßnen befelch/ vnd fürnemlich in dem/ daß sie solle/ auß befelch Christi/ Sünd behalten vnd auflösen/ Joan. 20. Matth.16.18. Darnach gebürt jr die Schrifft zuerforschen/ dieselbig außzulegen/ vnd allerley Lehren auß Gottes Wort zuprobieren vnd vrtheilen. 1.Cor. 12. 1.Thess.5. Endtlich auch mag sie Ceremonien bestellen/ wölche zur ordnung/ zier vnnd aufferbawung dienen/ vnnd doch dieselbigen nicht zur seligkeit notwendig machen/ dieweil solches nicht im Menschlichen gewalt steht.

8. Daß aber die Kirch nicht jrren möge/ lassen
wir

Widerlegung der

wir es zů/wañ man von denen Glidmaſſen der Kirchen redet/wölche bey Gottes Wort/im rechten verſtand/darauß genomen/bleiben. Dañ nicht die gantze Kirch vnd alle Glidmaß derſelbigen zůmal jrren: ſonder es werden alle zeit vorbehalten durch den H. Geiſt/wölche rein in der Lehr vñ Glaubē ſeind. Diſe erkennt Gott/wölcher die Hertzen der Menſchen erforſchet. Daß aber die particulares Ecclesiæ/ oder die euſſerliche ſichtbarliche Kirchen vnnd Gemeinſchafft der getaufften Chriſten/in wölcher fromme vnnd böſe Glidmaß ſeind/Matth.13. ja da das vnkraut vnder dem gůtten Samen auffwächßt/ nicht jrren künde/das beſtehn wir nicht.

9. Es ſeind die Glidmaß der Chriſtlichen Kirchen/Menſchen/wölche betrogen mögen werden/vñ allerley gebrechligkeit vnderworffen ſeind. Derwegē die Apoſteln ſo fleiſſig ermanen/daß ſie ſich nicht laſſen verfůren vnd betriegen/wölches nicht geſchehen wer/wa ſie nicht kündten jrren.2.Theſſal.2. Lieben Brůder/laſſet euch nicht bewegen von ewerm ſinn/ ꝛc. Laſſet euch nicht verfůren in keinerley weiß/ꝛc.

10. Wann wir anſehen die Kirchen der Juden/ ſo befinden wir/in was grobe jrrthumb ſie gerhaten ſeind / dann ſie von der Perſon vnnd dem Ampt Meſsiæ nicht recht gehalten haben/daher ſie auch Chriſtus Teüffelskinder nennet/Joan.8.

11. Wir wöllen jetz nicht erzölen der Apoſteln jrthumb/vnnd jrer nachkömling/auch nicht der alten Vätter/als Auguſtini/ der den kleinen Kindern das Nachtmal gibt/ſo das jenig nicht verrichten künden/wölches die einſatzung Chriſti mit ſich bringt.

Item

Bäpstischen Gegenwürff.   89

Item Cypriani widertauff/ vnd dergleichen/ wölche
Seulen der Kirchen genennt werden/ vnd dannoch
haben jrren künden.

12. Wann die Kirch nicht jrren kan/ warumb
ermanet dann der Bapst Hormisda/ die Spanische
Bischöff so ernstlich/ damit sie nicht von dem rechten weg/ so Christus ist/ in abweg gerhaten: Item
was haben die Orationes Antonij Marinarij Carmelitæ/ vnd anderer/ so im Concilio zů Triente gehalten
worden/ anderst mit sich bracht/ dann daß die Kirch
vil jrthumbs vñ mangel habe/ die man endern solle:

13. Wann die Papisten nun betrachten jre eigne
Bäpst/ wölche wider Gott vnd sein Wort/ nicht allein im leben/ sonder auch in jren Satzungen gehandelt haben/ dessen sich sie jetziger zeit schemen müssen/
so solten sie nicht wöllen bestreitten/ daß die Kirch
nicht jrren künde. Wiewol wir jhr Kirch nicht für
die recht Kirch erkennen/ dieweil sie im Wort vnnd
Sacrament derselbigen zuwider/ vnnd alle die jenigen verfolgen/ die bey dem Wort vnnd Satzungen
Christi wöllen bleiben.

14. Die nemen sie die Sprüch auß Gottes Wort/
vnd ziehen sie an/ wie der Sathan/ als er Christum
versůchet/ sich der heiligen Schrifft gebrauchet/ vnd
sprechen: Die Kirch ist ein Gesponß vnd Gemahel
Christi/ ein Saul vnd vester Grund der Warheit/ so
geregiert ist worden durch den heiligen Geist/ vnnd
würdt vergleicht dem Himelreich/ Matth. 20.22.25.
wie kan sie dann jrren: Hierauff antworten wir/ sie
künden erstlich mit der warheit diß nicht zůlegen jhrer Kirchen/ die wider Christum vnd sein Wort ist/

M   auch

Widerlegung der

auch nicht auff den Christlichen glauben/sonder auff den zweiffel an der Gnaden Gottes/gegründet ist. Darnach so werden dise Sprüch vñ rhům der Kirchē allein den außerwölten vñ Gottseligen Glidmassen zügelegt/wölche bey dē Wort Gottes verharren/ vnd Gott allein recht bekannt seind/ nicht allen sonderbaren Kirchen/vnd Ecclesijs particularibus/wölche zuweil vom Wort Gottes vnnd seinem befelch/ auß schwacheit/oder durch vernünfftige vrsachē/ werden abgewendet.

15. Derohalben so schliessen wir/ daß die Kirchē nicht irre/wann sie bey Gottes Wort vnd Satzungen steiff verharre/wa sie aber von demselbigen abweiche/so sey sie irrig. Vnd ob schon der Allmechtig Gott zů aller zeit im bin vnd wider Gottsgläubige/ vnd in der bekañtnuß gsunde Glidmaß der Kirchen erhalte/so seien doch vil matte/faule/ vnnd mangelhafftige Glider/derē sich der Allmechtig Gott auch erbarmen wölle/vnd den Geist des lebens inen mittheilen/auff daß etlich in irer schwacheit gestercket/ die andern von irem bösen leben abstehn/ vnnd bekert werden/Amen.

XV. Gegenwurff.

Man můß das Kind nicht mit dem Bad außschütten/ob schon etlich mängel vnnd fehl möchten im Bapstumb erfunden werden/můß man darumb nicht alles verwerffen.

L. Ant‑

Bäpstischen Gegenwürff.

I. Antwort.

ES ist war / man soll das Kind nicht mit dem Bad außschütten / man soll aber auch das Kind nicht im kattigen Bad sitzen vnnd verderben lassen.

2. Dann es befindt sich im Bapstumb wenig/ das mit Gottes Wort übereinstimpt/vnd wañ man etwas hat/so ist es doch mit falschem verstand vnnd Abgötterey besudelt/derwegen sie ein kleines Kindlein/in einem grossen Zuber voller vnsauberkeit haben sitzen.

3. Dann wer will das nicht vnsauberkeit vnd jrthumb heissen/da man offentlich darff schreiben vñ lehren von Christo / daß er nach seiner menschlichen Natur / so mit der Göttlichen vereiniget / nicht sey Allmechtig / noch mit der Göttlichen an allen Orten gegenwertig (Theses de vbiquitate, Ingolstadij disputatæ & editæ) so doch Christus selber sagt: Mir ist aller Gwalt in Himel vnd Erden geben worden. Ephes.1.Er ist gesetzet zur Gerechtē im Himel/über alle Fürstenthumb/gewalt/Macht/herrschafft/ vñ alles was genennt mag werden / nicht allein in diser Welt/sonder auch in der zůkünfftigen. Item Ephes. 4. Der hinunder gefaren ist / das ist derselbig/ der auffgefaren ist/auff daß er alles erfülle. Dise vnnd dergleichen Sprüch / müssen von der menschlichen Natur in Christo verstanden werden/dañ der Göttlichen Natur ist die Allmacht nicht geben worden/ sonder sie ist von ewigkeit her / die Allmechtigkeit selbst.

M 2 Das

4. Darnach lehren die Papisten/Christus habe gnůg gethon für die Sünd/aber nicht für die Straff der Sünden. Darwider strebt Christi gantzes Leiden/vnd die Prophezeiung Esa. am 51. cap. Fürwar er trůg vnser Kranckheit/vnnd lůd auff sich vnsere schmertzen/die Straff ligt auff jm.

5. Sie lehren/Christus hab gnůg gethon für die Erbsünd/aber für die tägliche Sünd/so nach dem Tauff beschehen/müssen wir in diser Welt/vnd hernach im Fegfewr gnůg thůn. Darwider ist die Lehr der lieben Apostel/1. Johann. 2. Liebe Kinder/ob jemand sündiget/so haben wir ein Fürsprecher/der gerecht ist/Jesum Christum/der ist die versůnung für vnsere Sünd. Item/Christus ist das Lamb Gottes/wölches der gantzen Welt Sünde tregt/Joan. 1.

6. Sie lehren auch/Christus sey nicht vnser volkomner/vnd einiger mitler vnd versůner (primæuæ salutis nostræ mediator, solus, sed non solitarius, totus, sed non totaliter, Gabr. Biel 3. lib. 20. dist 5. cōclusione.) Darwider ist Paulus 1. Timoth. 2. Es ist ein Gott/vnd ein Mittler zwischen Gott vñ dem Menschen/nemlich/der Mensch Christus Jesus/der sich selbst geben hat für alle/zů erlösung.

7. Item/die Papisten lehren/Christus vertrette vns nicht ferner bey Gott dem Vatter/er sey nicht mehr vnser fürbitter/sonder die lieben Heiligen/ (Thomas Aquinas, Rupertus Tuitiensis Abbas, lib. 9. de diuinis officijs cap. 2. Stephanus Agricola in defensione Iesuitarum, Coloniæ ædita, Anno 60.) Hergegen spricht Christus selber Joan. 16. Was jr den Vatter bitten werdet in meinem Namen/das will ich thůn.

Vnd

Vnd 1. Johan. 2. Wir haben ein Fürsprecher / Jesum Christum / ꝛc. Rom. 8. Er sitzet zur Gerechten Gottes / vnnd vertritt vns.

8. Die Papisten lehren auch / die mutter Maria / sey Christo in fürnemen stucken gleich / dann sie sey ein Himmelkönigin / ein Mutter der Gnaden / ein Mittlerin zwischen Gott vnnd dem Menschen / ein zuflucht der armen Sünder / ein Regiererin jhres Sons Christi / der Weg zum Himel / ein Thür zum Paradeiß / ꝛc. Historia secundum Chorum August. de cōmemoratione beatissimæ virginis Mariæ. Item, Canticum, Regina cœli, &c.

9. Von der Kirchen lehren sie / die Römische Kirch hab ein Haupt vnd Breütigam / nemlich den Bapst / an wölchen sie gebunden sey / zuhalten seine Gebott vnd Satzungen. Ioannes de Turre cremata. Itē / die Römische Kirch sey über alle andere Kirchen erhöhet / vnd niemandt solle wider sie reden / sie solle allein vrtheilen / vnnd nicht geurtheilt werden / Anton. Flor. Episc. Tit. 23. p. 3. cap. 2. Item / sie künde nicht jrren / vnnd habe macht in Gottes Wort zuendern / zumindern / vnnd zumehren / auch auffzusetzen nach eignem gefallen. Iesuitæ Colon. in censura Catechismi Monhemij. Ioan. Fabri in malleo contra Lutherum. Anton. Flor. Episc. par. 3. titu. 23. Marcellus Pont. in Decretal. Epist. ad Episcop. Antiochenum. Das widerstrebet alles dem Wort Gottes / wölches vns kläriglich anzeigt / daß die Kirchen nicht an ein gewiß ort gebunden sey / als muste sie allein zu Rom sein / sonder sey an denen orten / da Gottes Wort rein vnd lautter geprediget würdt. Ioann. 10. Meine Schaff hören

M 3   mein.

Widerlegung der

meine stimm. Item Ephes. 2. Gottes haußgenossen seind erbawet / auff den Grund der Propheten vnnd Aposteln/wölches Eckstein Christus ist/ꝛc.

10. Vom Bapst lehren vnnd schreiben sie offentlich/daß er sey das Haupt/vnnd ein Vatter der Catholischen Kirchen/wölchem alle Menschen vnderworffen seien / vnnd gleich als ein jrdischer Gott/ quòd sit quasi numen quoddam, visibilem Deum præ se ferens. Ludouicus Gomesius, Baldus, Innocentius 3.

11. Item/ der Bapst sey wie die Soñe vnder den Planeten / vnnd wie der Mon von der Sonnen den rechten schein hab/ also sollen die Keyser jren gwalt von den Bäpsten empfahen. Innocent. 3. schreibt also an den Keyser zů Constantinopel. D. Zasius, & alij, &c.

12. Ferner geben sie für / der Bapst sey über alle Concilia/vnd möge ordnen vnd setzen was jm gefalle/mög dispensieren/oder mit gewalt ein ding erhalten/vnnd solle jhm niemandt einreden / oder wöllen rechtfertigen/ wann er auch das volck hauffechtig mit jhm in die Helle hinab fůrete. Canones, Albanus, Baldus, Ioannes de Turre Cremata, &c. In summa/ der Bäpst sey alles in allem/vnd ein Herr des Geistlichen vnd Weltlichen Schwerdts.

Diß widerspricht Christus Luc. 22. Die Weltliche König herrschen/vnnd die gewaltige heißt man gnedige Herren/jr aber nicht also/ꝛc. Es ist wol in Gaben ein vnderscheid bey dem Kirchenregiment/ aber kein diener der Kirchen hat im Predigampt vnnd reichung der Sacramenten/mehr gewalts als der ander. Ephes. 4. Er hat etlich zů Aposteln gsetzt/
etlich

Bäpſtiſchen Gegenwürff. 95

etlich zů Propheten/ etlich zů Hirten vnnd Lehrer/ daß die Heiligen zůgericht werden/ꝛc. 1.Corin.12. Es beweißt auch zun Röm. am 13. der Apoſtel Paulus/ daß alle Menſchen ſeien der Oberkeit vnderthon/ nimpt weder Bapſt/ Biſchoff/ oder andere auß/ πάσα ψυχη. Darumb ſchreibt Gregorius in Regiſtro: Wölcher ſich in der Chriſtenheit für ein allgemein Haupt/ das iſt/ ein Oberſten Biſchoff außgebe/ oder darfür wölle gehalten werden/ der ſey eintweder der Antichriſt ſelber/ oder ſein vorlauffer.

13. Von der Gerechtfertigůg lehren ſie in gemein/ daß man nicht allein durch Chriſti verdienſt/ ſonder auch durch die gůtte werck ſelig werde. Darwider lehret Paulus Epheſ.2. Auß Gnaden ſeidt jhr ſelig worden/ durch den Glauben/ vñ das nicht auß euch/ Gottes Gab iſt es/ nicht auß den wercken. Rom.3. Wir halten darfür/ daß der Menſch gerechtfertiget werde/ durch den Glauben/ ohne die werck des Geſetzes/Tit.3. 1.Joan.1.2. 1.Cor.1.

14. Vom Glauben lehren die Papiſten/ daß er allein ein erkaſitnuß der Hiſtory von Chriſto ſey/ wölche auch der Teüffel hat/ daher er auch für glaubig muſſte gehalten werden. Aber Gottes Wort meldet/ daß der ſeligmachend Glaub/ nicht allein ein erkantnuß der Hiſtory ſey/ ſonder auch ein hertzlich vertrawen/ ſo man auff den erkañten willen Gottes ſetzet/ Rom.10. Mit dem hertzen glaubt man zur Gerechtigkeit/ꝛc. Item: Der Glaub iſt ein gewiſſe zuuerſicht/deß/ das zuhoffen iſt/ vñ nicht zweiffelt an dem/ das man nicht ſihet/Heb.11.

15. Item/ ſie lehren/ daß der Glaub nicht allein
das

Widerlegung der

das mittel oder die Geistliche band sey / dardurch man den verdienst Christi fasse/ sonder auch die güt= te werck/ꝛc. Diß widerspricht Christus Joan.3. Wer glaubt / der würdt selig / wer aber nicht glaubt/ der würdt verdampt/ Act.10. Es zeugen alle Propheṫ/ daß durch den Namen Christi/ alle die an jhn glau= ben/ vergebung der Sünden empfahen sollen. Dann auff die gnadreiche verheissung des Euangelions/ gehört der Glaub/ wie hergegen auff den verdienst/ die gütte werck gehören.

16. Sie lehren auch/ daß der Mensch solle zweiff= len an der vergebung der Sünd/ so lang er lebt/ dann es wisse keiner wann er für seine Sünd gnůg gethon habe. Darwider ist Christus/ da er spricht Joann.3. Wer da glaubt / ist selig / wer nicht glaubt/ das ist/ wer zweiffelt/ ist verdampt. Auch werdē durch disen zweiffel abgeschaffet/ die mittel der Sacramenten vnnd Absolution von Christo verordnet/ so zur ster= ckung des Glaubens sollen dienen. Es muß hindan gesetzt werden der 10. Artickel vnsers Glaubens/ der also lauttet: Jch glaub ein vergebung der Sünd. Jtem Paulus widerlegt solche Lehr vom zweiffel/ Rom.8. Jch bin gewiß / daß weder Todt noch Le= bē/ ꝛc. vns kan von der Liebe Gottes absündern/ ꝛc. Hiemit bekennet Paulus/ ob er wol ein armer Sün= der sey/ vnnd täglich zubitten hab: Herr vergib vns vnser schuld/ dannoch geschehe diß Gebett auß Glau ben/ wölcher sich auff die verheissung Christi verlas= set/ vnd jhn der Gnaden Gottes gewiß machet. Also lesen wir auch 1. Joan.3. Wir wissen/ wann es offen= bar würdt/ so werden wir jm gleich sein/ ꝛc. Dann es
ist kein

Bäpstischen Gegenwürff.

ist kein vermessenheit auff Christi verheissung vnnd Wort sich zuuerlassen festiglich/ sonder wañ mā sich auff etwas vngwiß lasset/ das heißt vermessenheit/ vnd seind auch dessen bericht auß Gottes Wort/ daß wir nicht durch vnser buß vñ gnůgthůung selig werden/ sonder durch Christi gnůgthůn vnnd verdienst/ auff wölchen wir vns mit Glauben verlassen.

17. Ferner lehren die Papisten von der Erbsünd vnnd bösen gelüsten des Menschen / daß sie nicht eigentlich Sünd sey/ So doch alles das Sünd ist/ was wider das Gebott Gottes strebet/ darinn auch steht: Du solt dich nicht lassen gelüsten/ etc. Daruon mag man lesen Paulum in der Epistel an die Römer im 7. capittel.

18. Von gütten Wercken lehrē die Papisten/ daß auch gütte Werck seien ausser dem Glauben/ dardurch der Mensch Gott bewegen möge zur Gnad. So sie aber auß Glauben geschehen/ so künde der Mensch vergebung der Sünd erlangen. Aber Paulus sagt Roman. 14. Was nicht auß Glauben herkompt/ das ist sünd. Hebr. 12. Was nicht auß dem Glauben kompt/ das gefelt Gott nicht. Dann ob schon die Werck an jhm selbst gůt weren/ so gefallen sie dannoch Gott nicht/ weil sie nicht auß eim glaubigen hertzen herkommen.

19. Darzů lehren die Papisten/ daß ein jedes werck der liebe verdiene das ewige Leben/ vt Sententiarij referunt: Quilibet actus charitatis meretur absolute vitam æternam.

20. Von der Buß lehren die Papisten/ daß sie in drey stucken bestehe. In Rew des hertzens / in der

N   Beicht

Widerlegung der
Beicht/vñ erzelung aller Sünd/sampt jrē vmbstendē/auch in aufferlegter Straff. Ein solche Papistische büß het Judas. Aber Gottes Wort redet anderst daruon/ nemlich/daß die rechtgeschaffne Büß stehe in drey stucken/als in der Rew vnnd Glauben/ auß wölchē alsbald der newe gehorsam volgt/ wie dann dise drey stück in allen Exempeln der rechten bußfertigen Christen erfunden werden. Es muß das Gsatz vnd Euangelion darinn sein/ wie wir Marci am ersten lesen: Thůt büß/vnd glaubet dem Euangelio. Act. 26. zeigt Paulus an/ was er von der bekerung des Menschen gelehrt hab/ nemlich/ daß man solle büß thůn/vnd sich zů Gott bekeren/vnnd rechtgeschaffne werck der Büß verrichten.

21. Sie lehren auch von Sacramenten / daß deren siben sein sollen/so doch das newe Testament allein zweier meldung thůt / als nemlich/des Tauffs vnnd Nachtmals. Dañ nicht alles/das ein geheimnuß mit sich bringe/ist ein Sacrament/sonder allein die von Gott geordnet / dardurch die vergebung der Sünden fürgetragen vnd angebotten werden/vnnd also den Glauben stercken.

22. Die Tauff haben sie mit vilen Menschensatzungen vnd Ceremonien befleckt/vnd haben nicht allein die Menschen/sonder auch die Glocken getaufft/ wider die Satzung vnnd Ordnung Christi/ꝛc. Sie haben jhrer Firmung zůgelegt/also daß die krafft der Tauff dardurch verkleinert würdt.

23. Im Nachtmal haben sie etliche grewliche jrthumb.

I. Erstlich erdichten sie ein versönopffer / für die
leben-

Bäpstischen Gegenwürff.

lebendigen vnd die todten/So doch Christus solches Opffer allein am stammen des Creützes verrichtet vnnd volendet hat/ Hebr. 7.9. ordnet auch in seiner Sacramentsstifftung kein Opffer/das man seinem Himlischen Vatter solle opffern/sonder er heisset nemen/essen vnd trincken/vnd solches thůn zů seiner gedechtnuß. Vnnd handelt solches Christus mit den lebendigen/die essen vnd trincken künden/vnnd nicht mit den todten/so noch nicht mit Leib vnd Seel volkomne Personē seind/dan der leib ligt in der Erdē/die Seel der Gläubigen ist im Paradiß/vnnd kan keins wegs probiert werden/daß Christus vnnd die Aposteln hernach haben Meß gehalten/Dann die Meß von den Bäpsten erst erdacht vnd gemehret ist worden/vnd der Canon ein lange zeit nach den Aposteln/zur zeit Gregorij gemacht worden.

II. 24. Zů dem andern/so stimlend sie Gottes ordnung vnnd Satzung/geben den Layen nur eine Gestalt/ ob schon Christus beiderley Gestalt/ als mit dem Brot/sein Leib/vnd mit dem Kelch/sein Blůt mitzutheilen verordnet hat. Ja auch der Apostel Paulus 1.Cor.11. solche Satzung vnder beider Gestalt bestehtiget/ da er mit der Gemein zů Corintho handelt/vñ weißt gar nichts darumb/daß Christus zů Emaus oder die Apostel/ solches vnder einer Gestalt solten gehalten haben. Ja das Costnitzer Concilium bekennt selbst offentlich/ daß die erste Kirch das Abendmal vnder beider Gestalt hab gebraucht/ ꝛc.

III. 25. Zů dem dritten/so wöllen sie/die Elementen/als Brot vnd Wein/werden verendert/vnd blei-

N 2 ben

ben nicht mehr in jhrem wesen/ so doch Paulus das Brot/ vnnd nicht die Gestalt des Brots nennet/ die gmeinschafft des Leibs Christi/ vñ also zugleich den Kelch ein gmeinschafft des Bluts Christi/ dann er weißt/daß/wie im Tauff das wasser/ also im Abendmal der Wein vnnd das Brot/ nicht verendert werden/ wie dann solches auch die sinnligkeiten mit sich bringen.

IIII. 26. Zů dem vierdten/ so betten sie das Brot an/ so ausser dem gebrauch des Sacraments/ in ein Heußlin gespert würdt/ sie tragens herumb/ wie die Persier das Fewr/ so doch Christus solches nicht verordnet/ vnd auch keins wegs volgete/ wann schon bey dem Brot noch der Leib Christi blibe/das man darumb das Brot auch solte anbetten/ Dann wañ das volgete/so müßte man die kleine getaufften Kinder/ ja ein jeden frommen Christen anbetten/ in wölchen Gott verheißt zuwohnen. Man soll Gott anbetten im Geist vnd in der Warheit/ vnd nicht vermeinen/ daß er an ein ort gebunden sey/ da er mehr erhören wölle als am andern/ wie im alten Testament bescheben.

V. 27. Zů dem fünfften/ haben sie Winckelmessen/ vnnd wann sie consecrieren/ so sprechen sie: Nemend/ essend/vnd trinckend/ vnd geben doch nichts/ sonder essen allein/ das ist ein heimlicher betrug/ vnnd ob sie es schon außtheilen/ so consecrieren sie beide Gestalten/ vnd geben den vmbstenden allein die eine/ wider den befelch Christi/ vnnd Exempel der lieben Aposteln.

VI. 28. Zů dem sechsten vnnd letsten/ so handeln sie auch

Bäpstischen Gegenwürff.

auch alles in Lateinischer Sprach / reden so still/ daß die vmbstehenden solches nicht mögē verstehn/ reden mit Brot vnnd Wein / wölche Element nicht hören/ Wöllen also durch jr hauchen vn̄ außsprechen der Wort/ Christum herab vom Himel bannen/ wölches ein Zauberey ist / Dann die wort solle man mit den Menschen reden/ damit sie erinnert werden/ wie diß Sacrament durch die erste einsatzung/ jr krafft hab/ vnd im gebrauch / so in den Worten Christi begriffen/ sich erzeige.

29. Sie haben auch ein Fegfewr erdacht/ wölches kein grund hat in Gottes Wort/ sonder Christus meldet allein von dem ewigen Leben / vnd ewiger verdamnuß/ Joan.3. Auch Paulus/ wölcher ein zeitlang die Christen verfolget hat/ weißt nichts daruon/ sonder er tröstet sich/ vnd spricht Philipp.1. Ich beger zuentscheiden/ vnnd bey meim Herrn Christo zusein. Es kan auch kein Fegfewr bey dem Exempel des reichen Mans / Luc.16. gespürt werden/ sonder vil mehr ein ewigs Fewr. Es meldet wol Gottes Wort offt vom Fewr/ darinn wir in diser Welt gefegt werden/ als durch Creutz vnnd leiden/ oder verfolgung/ aber vom Fegfewr nach disem Leben weißt es nichts.

30. Ferner lehren die Papisten/ daß dem Sünder auch Gnad vnnd Ablaß der Sünden/ vmb der Heiligen verdienst willen widerfare/ die der Bapst vmb Gelt mit seinē Ablaßbrieffen außtheilen kündte. Dem ist zuwider die bekanntnuß des heiligen Apostels Petri Act.4. Es ist in keinem andern das heil/ ist auch kein anderer Nam vnder dem Himel geben

N 3 worden/

Widerlegung der
worden/in wölchem man künde selig werden ausserhalb Christo/ɾc.

31. Sie geben auch für / man solle Gott nicht allein anruffen/ sonder auch die lieben Heiligen/ wölchen man dienen solle / mit fasten/ betten/ Almůsen geben/ vnd walfarten. Aber Christus lehrt vns anderst/ Matth.11. Kommen zů mir/die jr müselig vñ beladen seide/ ich will euch erquicken / vnnd eweren Selen rhů schaffen. Luc.11. Wann jhr bitten wolt/ so sprecht: Vnser Vatter/ der du bist im Himel/ɾc. Item Psal. 49. Rüff mich an in der zeit der not/ɾc. Dann in der anruffung/ legt man der vnsichtbaren Person zů/ daß sie allmechtig/ allwissend sey/ auch ein erforscherin der Hertzen/sey an allen orten gegenwertig/ vnnd erkenne alle seufftzen der Hertzen/ wölches nun keins Heiligen / nicht kan vnd soll zůgelegt werden/ sonder allein Gott dem Allmechtigen / zů wölchem wir vnsern Glauben setzen. Die lieben Heiligen haben selbst nicht zůgelassen/ daß man jhnen solle Göttliche Ehr beweisen/ sie werden darüber vnwirß/ vnd weisen das volck zů Gott/ Act.14. Ja auch die lieben Engel wöllen solches nicht dulden/ Apoc.1. Darumb wañ wir die lieben Heiligen wöllen ehren/ so lasset vns jrem Glauben vnd wandel nachfolgen/ vnd Gott in jnen preisen/ wie geschriben steht 1.Cor. 10. Seidt meine nachfolger/ɾc. Galat.1. Sie preiseten Gott in mir/ɾc.

32. Sie verbieten den Priestern die Ehe / so doch Christus jnen dasselbig nicht verbotten hat/ vñ Paulus sagt: Ein Bischoff solle sein eines Weibs mañ/ der gehorsame Kinder hab/ɾc. Wie dann auch nicht
allein

Bäpstischen Gegenwürff.

allein die Priester im alten Testament / sonder auch die lieben Aposteln / als Petrus vñ andere / jre weiber gehabt haben. 1. Timoth. 4. Der Geist Gottes sagt deutlich / daß in den letsten zeitten etlich vom Glauben abweichen werden / vnd anhangen den verfürischen Geistern / vñ Teüffelslehrern / die durch gleißnerey / lugen reden / vnd brandmal in jren Gewissen haben / die Ehelich zuwerden verbieten / vnnd die Speiß / rc.

33. Sie leren auch / daß es sünd sey in der Fasten oder am Freytag fleisch essen / so es doch Gott nicht verbotten hat / ja Paulus heist sie Teüffelslehrer / die solches verbieten / 1. Timot. 4. vnd 1. Corinth. 10. schreibt Paulus: Alles was man auff dem Fleischmarckt verkaufft / das esset / vnd fraget nicht / rc. Coloss. 2. Lasset euch niemandt richten über speiß vnnd tranck / rc. Wann aber solches allein auß ordnung der Oberkeit wurde verbotten / so kan man es lassen / allein daß man die Seligkeit nicht darein setze.

34. Vom Closterleben geben sie für / daß solches Gott vil gefelliger sey / dann der Stand der Oberkeit / oder der Ehestand / so von Gott eingesetzt / daß es sey solches leben ein Stand der volkommenheit / darinnen man verdienen künde die vergebung der Sünden. Aber wir sollen wissen / daß solches Menschengedicht seiend / daruon Matth. 15. Christus spricht: Vergebens ehret jr mich mit Menschensatzungen / rc. Vnd würdt der Ehestand frey gelassen / wie Paulus meldet: Es ist besser heuraten / dañ brinnen / rc. Item: Vnzucht zuuermeiden / so hab ein jeder sein eigen Weib / vnd ein jedes Weib jren eignen Mann.

35. Von

35. Von Bildern lehren vñ schreiben sie/daß man sie dermassen verehren soll/wie das jenig/so durch die Bildtnuß würdt angedeuttet. Man solle auch die Bilder Gottes/der Heiligen/ja auch des gemachten Creützes / als das heil vnserer Seelen/anbetten/zů jnen Walfart thůn/auch bey jnen hilff vnd erlösung auß allerley not sůchen. Thomas parte 3.q.25.Artic.3. Bonauentura super Sent.lib.3.d.9.q.2. Item Pontificiale, de consecratione signi crucis. Darwider ist nun Gottes Wort / Exod.20. Du solt dir kein Bildnuß/ noch jrgent ein gleichnuß machen/bette sie nicht an/ vnd diene jhnen nicht. Leuit.19. Jr solt euch nicht zů den Götzen wenden/ꝛc. 1.Cor.10. Fliehend den Götzendienst. 1.Joann.5. Es ist töricht gehandelt/das ein vernünfftiger Mensch vor eim stummenden Bild sich neiget/daruor die händ auffhebt/vnnd dasselbig küsset/also/daß auch der Palmesel kein frid hat. Es sündigten die Jsraeliten/vnd wurden gestrafft/ daß sie das guldin Kalb verehrten / ob sie schon wusten/ daß solches auß jrem Geschmeid gemacht ward / so vermeinten sie doch Gott darmit zuuerehren / aber es gefelt darumb Gott nicht/der da will durch Götzendienst nicht gelobt vnd geprisen sein.

36. Was auch weitter für ein betrug in jrem Heiligthumb ist/da sie fürgeben zů Rom / daß man habe Christi Kripp/darinnen er gelegen/seine Windelin/Wiegen/die Saul/da sich Christus auffgeleinet/ als er im Tempel disputiert/vnd alles was auff dem Tisch gewesen/als Christus hat das Nachtmal gehalten/ auch das Tůch / darmit Christus den Jüngern die füß getrücknet. Will geschweigen anderer

Heilig-

Bäpstischen Gegenwurff.

Heiligthumb/ so bin vnnd wider in den Bäpstischen Kirchen werden behalten/ da offt ein ding an mehren orten würdt gezeigt/ als der Mantel Mariæ/ der Leib Susannæ/ so zů Rom vnnd Tolossen würdt gewisen. Darvon aber haben die Apostel nichts gewußt. Es ist auch Hierusalem zerstört worden / Rom offtermals geplündert / vnnd die alte Vätter haben dessen kein kundtschafft gehabt/ darauß wir erkennen künden/ daß es ein offentlicher betrug ist.

37. Dise vnd dergleichen vil mehr vnsauberkeit vnd jrrthumb/ so ich jetzt nicht alle erzölen mag/ befinden sich bey dem Bapstumb/ wölche sie solten hinweg thůn vñ außficren. Es kan auch mit keim gůtten Gewissen ein Christ darbey sein/ ob er schon etlichs wolte für vnrecht halten/ sonder er můß vnnd soll die Abgötterey gantz vñ gar fliehen. Dann man kan dem Teüffel vnd Gott nicht zumal dienen/ Wer nicht mit Christo samlet/ der zerstrewet/ vnnd wer nicht mit jm ist/ der ist wider jhn/ darbey würdt es bleiben.

XVI. Gegenwurff.

Die Lutherischen haben kein recht Sacrament/ dañ jre Diener künden nicht consecrieren/ sie seind nicht recht ordiniert vnnd geweihet worden.

I. Antwort.

Dieweil es notwendig ist / daß ein Diener der Kirchen Christi / recht vnd ordenlich berůffen werde/ nach der Lehr Pauli zun Röm. 10. Wie

10. Wie wöllen sie predigen/ wann sie nicht gesandt seind/ꝛc. So müß man zwey fürneme stuck vnnd die substantialia der ordination bedencken/ als namlich/ wer gewalt hab Diener der Kirchen zuordnen/ darnach was zů der ordination vñ berůff erfordert werde/ so mögen wir als dann erkennen/ wölches rechte Diener der Kirchen seien.

I. 2. Was nun die Personen belangt/ so macht haben ein Diener zuberůffen vnd zuordinieren/ befindt sich in heiliger Schrifft/ daß solches verrichtet haben die lieben Apostel. Wie wir lesen in der Epistel an Titum 1. cap. da befilcht Paulus/ daß Titus solle hin vñ wider in die Kirchen trewe Diener verordnen. Act. 6. werden siben Menner erwölt/ von der Christlichen Gemein/ die bringen sie für die Apostel/ damit solche möchten durch sie bestehtiget werden. Also lesen wir auch/ daß Paulus vnd Barnabas/ zů Antiochia vnd anderstwa/ haben Diener der Kirchen ordiniert. Eusebius lib. 3. ca. 23. schreibt/ daß Johannes/ als er wider auß seinem exilio kommen/ von den Brüdern sey gebetten worden/ daß er wolte Kirchendiener ordnen/ꝛc. In der Tripartita historia lib. 7. cap 37. würdt vermeldt/ daß Athanasius der fromme Bischoff vnnd Seelsorger/ mit verwilligung anderer Kirchendiener/ einen/ genannt Petrus/ zů einem Bischoff gehn Alexandria/ nach jm zufolgen erwölet hab. Auß wölchen Exempeln wir erkennen mögen/ daß die Kirchendiener haben macht/ an statt der Kirchen/ einen mitbruder im Predigampt zuordinieren. Zů wölchem berůff auch der Oberkeit verwilligung solle kommen/ weil sie das Predigampt schützet/

schlaget/vnnd den Dienern vnderhaltung zugeben schuldig ist.

3. Zu dem andern/ so befindt sich in H. Schrifft/ daß zu einer Christlichen ordination der Kirchendiener/drey fürneme stuck gehören.

I. Erstlich der Berüff/ das sich einer nicht selber durch böse practicken eintringe/sonder erwarte entweder eins berüffs von den alten Kirchendienern/vñ andern darzu verordneten Personen / oder biete seinen dienst an/damit man vrsach hab/jhn zuerforderen/daruon dann Paulus sagt 1. Timoth.3. So jemandt eines Bischoffsampt begert/ der begert ein köstlich werck.

II. Darnach ist von nöten/daß ein solcher examiniert werde/ ob er taugenlich zu solchem Ampt sey/sich in seiner Lehr auff den Grund der Propheten vnnd Aposteln lasse/vñ nicht die Menschensatzungen/als nötig zur seligkeit/halte/Daß er auch Gottes Wort recht theilen vnd fürtragen könde/ 2. Tim.2. Vnd ob er eins gutten wandels sey/Tit.1.

III. Zu dem dritten/ gehört das Gebett darzu/ Matth.9. Bitten den Herren der Ernd/ daß er arbeiter in sein Ernd sende.

IIII. Zu dem vierdten/ vnnd letsten/ die bestehtigung/da etliche andere Kirchendiener(wölches/wie Panormitanus meldet/an vilen orten im gebrauch ist/ in C. 4. de consuetudine) mit darreichung oder aufflegung der händ/ vnd andern Christlichen Ceremonien/solchen zu einem Diener Christi bestehtigēd/jm sein Ampt ernstlich befelhend/ vñ gewisse vnderhaltung verordnēd/damit er desto füglicher solches ver-

Widerlegung der

richten künde/darzů dañ die Oberkeit durch ordenliche Personen jren consensum gibt.

4. Dise obernannte stuck gehören zů eines Dieners Christi ordenlichen berůff/vnd werden auff solche weiß die Euangelischen oder Lutherischen Prædicantē geordiniert/darinnen sie den lieben Aposteln/ vnd der ersten vhralten Catholischen Kirchen nachfolgen. Derwegen sie sich auch jres ordenlichen berůffs künden rhůmen vnd trösten/vnd die Sacramenta recht administrieren.

5. Daß aber die Papisten vermeinen/ es sey kein rechte ordination/ oder Priesterweihe/ weil solches nicht in der Bäpstischen Kirchē/durch jren Weichbischoff/nach jetzwerenden Römischen Ceremonien beschehe/hindert vns gantz vnd gar nicht. Dañ wir jre Kirchen nicht für die recht Kirchen erkennen/ dieweil sie nicht Gottes Wort lautter/ ohne zůsatz menschlicher Lehr laßt verkündigen/ auch die Sacramenta von Gott verordnet/ endern. Ja vil mehr die jenigen mit Schwerdt/ Fewr vñ Wasser verfolgen/die auß Gottes Wort jr Lehr verthedigen wöllen vnd künden.

6. Darzů so erkeñen wir jre Weichbischoff nicht für rechte Bischoff/dañ sie haben jren berůff zů keiner gewissen Kirchen/dahin sie ziehen künden oder solten/ sonder man gibt jhnen in der ordination ein namen des Orts/anderstwa ligend in der Türckey/ oder Heydenschafft / wölches sie jhnen zůbekehren/nie in sinn genommen haben/ auch mehrertheils dahin nicht kommen mögen. Der Ordinator spricht: Vade, prædica Euangelium populo tibi commisso,&c.

vnd

Bäpstischen Gegenwürff. 109

vñ weiſt/daß ſolches nicht geſchehen kan/noch mag/ derwegen er jhn hernach von ſolcher erdichten Kirchen wider abſoluieret.

7. Vñ zwar/ jre eigne Canones wöllen nicht zwen Biſchoff an einem ort zülaſſen / ſonder wann einer ſein Ampt ſelbſt nicht verrichten kóndte / ſo ſolte er erſt ein benachbarten Biſchoff erbitten/ vnnd ſein Ampt mit jm beſtellen. De officio iudicis ordinarij. C. Quoniam in pleriſcp.

8. Neben dem haben die Papiſten vil grober jrthumb in jhrer Weihe / vnder wölchen diſe die fürnembſte ſeind / als da ſie die Weihe ein Sacrament heiſſen/ ſo doch kein Element von Gott geordnet/ da iſt / zü wölchem Chriſtus hette die verheiſſung der verzeihung der Sünd hinzügethon. Dann die handaufflegung iſt nur ein beſtehtigung der geſchehenen ordination. Darnach daß ſie die geweichte Prieſter treiben zur Abgötterey / ſo in der Meß vnd mit andern Ceremonien geübet würdt / ſie gebrauchen ſich eines verzauberten öls / damit ſie die finger des Ordinanden ſalben/ auff daß alles was er ſegnet/ geſegnet mög ſein / wölches bey der erſten Kirchen nicht gebreuchlich geweſen iſt. Sie rüffen darbey auch die Heiligen an/ vnnd verbietten den Prieſtern die Ehe/ wölche jnen Gottes Wort frey laſſet/ vnnd was diß grewels mehr iſt.

9. Daher erfolget/ daß die Euangeliſchen Kirchendiener/ ein ordenlichen vnd rechten berüff zü jhrem Ampt haben/ vnd iſt nicht daran gelegen/ ob ſie ſchon von keim Papiſtiſchen Weichbiſchoff ſeind ordiniert. Dañ die Euangeliſche Kirchen haben vil

O 3 gewiſſe

hat gewisser Kirchẽ pastores vñ superattendētes/wölche diuino iure Bischoff seind / nement jhre Gemein zur Bischofflichen kron/wie Paulus sagt Philip. 4. Ir seidt mein frewd vnd mein kron/ꝛc. vnd lehren jr volck auß dem alten vñ newen Testament / wölches die zwey spitzen an den Bischoffshüttẽ sollen bedeuten. Der Baculus pastoralis/ oder Bischoffsstab/ ist Gottes Wort/damit sie die reissende Wölff von dem Schaffstal abtreibẽ. Der Chrisam oder salbung/ ist der heilig Geist/ so durch das Wort vnd gantze Predigampt thettig ist/ 1. Johan. 2. Der liebe Gott wölle vns alle darbey erhalten/ Amen.

XVII. Gegenwurff.

Die alten Vätter gelten nichts bey den Lutherischen/ sie wöllen jmmerdar klüger sein/dann die alten.

I. Antwort.

Daß wir durchauß der alten Vätter Schrifften/ohne allen vnderschied sollen verachten/ kan mit keinem grund der Warheit von vns geredt werden.

2. Dann wir gebrauchen vns jrer Schrifft/vnd erkennen die gutthat der alten Vättern/daß sie nicht allein der heiligẽ Schrifft/zur befürderung jrer authoritet/gutte gezeugnuß geben haben/ sonder auch mit grossem fleiß dahin gearbeitet/damit sie auff die nachkömling gereichen möchten. Darneben auch jhre erklärung darzů gethon/ vnnd von etlichen Articklen

Päpstischen Gegenwürff.

tickeln des Glaubens nutzlich geschriben haben.

3. Sie haben auch der Kirchen nicht wenig guts gethon/ in beschreibung viler nutzlichen Historien/ darinn man erkesen kan/was für Lehrer die Kirch zů aller zeit gehabt/ auch was Ceremonien vnd Gottesdienst geübet seien worden. Item/ wie der Teüffel der Kirchen Christi / mit Lugen vnnd Mord zůgesetzet hab/ vnnd was dergleichen mehr ist/ daß wir in den alten Vättern mit nutz lesen künden.

4. Aber hierauß volgt nicht / daß sie nicht menschen seien gewesen/ wölche auch haben mögen irren/ vnd etwann in jrem vrtheil vnd gedancken betrogen werden/ haben etwann der gewonheit nachgeben/ seind im streit erbitziget/ oder etwann durch jr vernunfft verfüret worden. Basilius schreibt in der 77. Epistel: Wir bekennen (spricht er) daß wir mit vilen jrthumben verhafft seind/ weil wir Menschen sind/ vnd blůt vnd fleisch an vns tragen. Vnnd Augustinus schreibt an Victorem lib.2. Dist.9. Can. Negare, &c. Ich kan vnnd soll nicht laugnen/ wie in vnsern Vorfaren Schrifften/ also auch in vnsern Büchern/ werde vil erfunden/ wölches man ohne frefel/ mit gůttem vrtheil mag tadeln. Lege Augustinum Epist.7. item de Baptismo contra Donat. lib.5. cap.17. Dist.8. Can: Neque quorumlibet, &c.

5. Es ist auch offenbar/ vñ müssen die Papisten selbs bekennen/ daß die Vätter in offentlichen jrthumben gesteckt seind. Tertullianus hat des Montani jrthumb bestehtiget/ wie solches Niceph. lib.4. cap. 34. schreibt. Cyprianus jrret im Widertauff/ vnd von der Märterer verdienst/ ꝛc. Origenes hat auch seine

jrthumb

Widerlegung der
jrthumb/wie Epiphanius, Hieronymus vnd Augusti=
nus daruon zeugen. Hilarius hat sich vergriffen mit
des Valentini jrthumb/von der Menschheit Christi/
vnd schreibt auch seltzam von dem heiligen Geist. Vt
Erasmus in præfatione annotat. Irenæus, Tertullianus,
Lactantius / haben gejrret vom Weltlichen Reich
Christi/vnd der Heiligen/ꝛc. Daruon mag man le=
sen Hieronymum über das 36.capittel Ezech.& in
vita Pap. Vñ in summa/so werden von Hieron.an vi=
len orten anklagt/Tertullianus, Cyprianus, Origenes,
Lactantius, Ambrosius, Arnobius, Eusebius, Hilarius,
Augustinus, &c. Es kündten auch weitleuffiger an=
gezeigt werden allerley jrthumb der Vätter/wa es
die not erfordert.

6. Wie vngleich seind sie auch in der erklärung
vnd außlegung der heiligen Schrifft/also/daß einer
ein gantz Buch daruon auffzeichnen künde/wa es
nicht verdrießlich were.Man sehe nun was sie schrei=
ben von dem Spruch Genesis 3. Der Samen des
Weibs/würdt der Schlangen den Kopff zertrettē/
da es einer auff Mariam/der ander auff Christum
deuttet. Item von dem hochzeitlichen Kleid/ꝛc.wöl=
ches etliche vom Glauben/ andere von dem werck
der Liebe deutten. Item im Propheten Malachia/
vom Auffgang der Soñen/biß zum Nidergang/sol=
le mein Nam herꝛlich/ꝛc.Hieronymus vnd Tertullia=
nus verstehn die weissagung vom Gebett der Glau=
bigen. Irenæus vnnd Augustinus ziehen solches zum
Nachtmal/doch anderst als die Papisten/ꝛc. Item
Rom.10. Der Mensch würdt nicht gerechtfertiget
durch die werck des Gesetzes/sonder durch den Glau=
ben/

Bäpstischen Gegenwürff.

ben/ ꝛc. wölches ein theil auff das Ceremonisch Gesetz/ der ander theil auff das Gesetz der 10. Gebott außlegen. Vnd zwar/ Lombardus hat vil widerwertige meinung der Vätter gesamlet/ vnnd sich vnderstanden zuuereinigen.

7. So seind die alte Vätter auch jhnen selbst offt zuwider/ als vom Fegfewr/ da Augustinus wider die Pelagianer schreibt/ da zeigt er an/ daß nicht mehr als zwey ort seien/ nemlich Himel vnd Helle/ vñ künde der dritt ort auß Gottes Wort nicht erwisen werdē/ lib 5. Hypog. Aber im Bůch von der Statt Gottes/ da bestehtiget er das Fegfewr ein mal. Darnach an eim andern ort zweiffelt er daran/ vnnd schreibt mit disen worten: Forsitan erit, &c. lib. 21. de Ciuitate Dei, capite 26. Also schreibt Cyprianus ein weil/ die Kirch sey auff Petrum gebawet/ zuweil aber zeigt er an/ sie sey auff Christum gebawet. Ambrosius schreibt Serm. 56. vom verdienst der lieben H. Märterer/ dardurch wir Gott seien versönet worden/ aber dargegen Sermone 66. zeigt er an/ Christi verdienst sey gnůgsam zum heil der Menschen/ aber der Aposteln leiden/ diene vns zum Exempel. Vber die Epistel zů den Römern vnnd Galatern/ schreibt er/ daß wir durch den Glauben an Christum allein gerechtfertiget werden/ aber das widerspil findt man auch in seinen Schrifften offtermals. Dise vnd dergleichen widerwertige meinung der alten Vätter/ künden wir vil vnnd nach der lenge erzölen/ wa wir vns nicht der kürtze/ vñ weniger Exempel beflissen.

8. Deßgleichen befindt man in der erfarung/ daß man den alten Vättern auch vil Schrifften zůlegt/

p

Widerlegung der
legt / wölche von andern seind geschriben worden/ vnnd die art jhrer Schrifften nicht mit sich bringen. Als da die Papisten anziehen Dionysij Schrifften / wölcher ein Jünger Pauli solle gewesen sein/ wölches widerspricht Erasmus in Annotationibus. Item die Brieff Clementis / so er an S. Jacob gehn Hierusalem solle geschriben haben / von dem todt Petri/ So doch auß dē Historischreibern zubeweisen ist/ daß Jacobus siben jar vor Petri todt/ ist gemartert worden. Darzů schreibt ein Abt zů Spanheim/ Ioannes à Trittenheim/ ein Papistischer Scribent/ also: Wann ich (schreibt er) alle Bůcher vnd Predigen erzölen solte / so dem Augustino felschlich zůgeschriben / můste ich ein eigen groß Bůch darzů brauchen. Vnnd gibt zwey Exempel/ eins auß dem Bůch de Spiritu & anima capite trigesimoseptimo/ da Boetius wůrdt angezogen/ wölcher erst nach dem Augustino gelebt hat. Das ander zeucht er an auß dem Bůch de vera & falsa pœnitentia / in dem sibenzehenden Cap. da am end Augustinus selber wůrdt angezogen. Dann so man den Aposteln hat dörffen sechtzig erdichte Canones zůlegen/ wie Gratianus dist. 16. auß dem Isidoro anzeucht/ wieuil mehr ist es den alten Vättern gescheen / deren ich kürtze halben nicht mag meldung thůn?

9. Darumb so ermanen vns die alte Vätter/ als Augustinus in Epistola 111. ad Fortunat. de videndo Deo. Item Epistola 112. ad Paulinam. Item in Prologo libr. 3. de Trinitate. Item ad Vincentium Donatistam, Epistola 48. Wir sollen nicht so gleich glauben geben jhren Schrifften/ es sey dann sach/ daß sie durch Gottes

Bäpstischen Gegenwürff.

tes Wort probiert seien. Vnnd gibt sich vns selbst zů einem Exempel/ da er schreibt / daß er des Cypriani Schrifften/ der heiligen Schrifft nicht gleich halt/ sonder wann er sie lese/ so behalt er im beuor/ daß er darinn gentzlich verwerffe/ was nicht mit der Canonischen Biblischen Schrifft übereinstimet. Contra Cresc. Gramm. lib. 2. cap. 32. Lege apud Euseb. lib. 5. cap. 16. scriptum Apollinarij ad Marcell. Ad hunc vsque diem hæsitaui, &c.

10. Also solle man auch thůn/ wann strittige sachen fürfielen/ so solle Gottes Wort der Richter sein/ vnnd die Lehr der ersten Kirchen/ namlich der Aposteln. Wie dann auch das Concilium zů Basel/ in saluo conductu Bohemis dato, sess. 4. bekennen můß / daß Gottes Wort die Exempel Christi/ der Aposteln/ auch der ersten Kirchen/ sampt den Concilijs vnnd Lehrern/ wölche sich darauff gründen/ sollen für Richter in strittigen sachen erkannt werden. Augustinus ad Valerium libro secundo cap. 32.

11. Hierauff schliessen wir nun/ daß der alten Vätter Schrifften seien anzunemen/ wa sie Gottes Wort nicht zuwider seind. Wir sollen auch mit jnen gedult haben/ wann wir befinden/ daß jre jrthumb vnnd fehl/ nicht auß halßstarrigkeit / sonder auß schwachheit herkomen/ als/ da sie solcher nicht seind erinnert worden. Aber doch sollen wir den jrthumben nicht beifal thůn/ dieweil auch/ wie Paulus lehret zun Galatern am 1. ein Engel von Himel verflůcht solte sein/ wan er was anderst/ als in den Schrifften der Propheten vnd Aposteln begriffen/ wolte herfür

p 2 bringen/

bringen/vnd bleibt also bey der ermanung obernan=
tes Apostels Pauli/da er spricht: Probiert alles/vñ
was gůt ist/das behaltet.

XVIII. Gegenwurff.

Die Lutherischen halten kein ordnung/
daß sie zů einer zeit Fisch/vnnd zur andern
Fleisch essen/damit es nicht alles zumal
auffgehe/sie mögen jnen kein abbruch thůn/
mit fasten/sonder es můß jhnen alles frey
sein/vnd jr vnordnung muß ein Christliche
freiheit sein.

I. Antwort.

Je Lutherischen glauben auß Gottes Wort/
daß die Christliche freiheit stehe in 3. stucken.
I. Erstlich darinnen/ daß Christus die Gläu=
bige von der vermaledeiung des Gsetzes gefreiet hat/
Gallat.3. Christus hat vns erlöset/zc. Joann.8. Si fi=
lius,&c.

II. Zů dem andern/ daß sie erlediget seind von Ce=
remonischen vnnd Politischen Gesetzen Moysis.
Matth.11.Alle Propheten vnd das Gesetz haben ge=
weissagt biß auff Joannem. Gallat.5.Bestehet in
der freiheit/damit vns Christus befreiet hat.

III. Zů dem dritten/ daß sie gefreiet seind von den
Menschensatzungen vnnd mitteldingen/ daran die
Gewissen nicht sollen gebunden sein/ vnnd mit der
Christ=

Bäpstischen Gegenwürff.

Christlichen gerechtigkeit nicht vermengt werden. Colloss.2. So jr nun abgestorben seidt mit Christo/ den Satzungen der Welt/was lasset jr euch den fangen mit Menschensatzungen/als lebet jr noch in der Welt: die da sagen/du solt das nicht angreiffen/du solt das nicht kosten/wölches allein ist Menschengebott/wölche haben ein schein der weißheit/durch selbsterwölte Geistligkeit vnnd demüt/Matth.9.15. Marc.2. 1.Cor.7. Rom.14.

2. Hiemit aber werdē nicht verstossen das Weltlich Regiment vnnd gütte ordnungen/würdt auch keinem menschen vrsach geben zur freiheit des Fleisches/daß man dörffte thun vnd verrichten/güts vñ böß/wie mans wolt/sonder es würdt allein zu erhaltung eines gütten freien Gewissens dermassen gelebt/wölches sich auff Gottes befelch verlasset/vnd lasset der Selen heil nicht an Menschensatzung verpflichten vnd verbinden. 1.Cor.7. Jr seind thewr erkaufft worden/jr sollen nicht mehr Menschenknecht werden.

3. Wañ nun das Gewissen bey einer Todtsünd/ nicht an den abbruch des Fleischessens gebunden würdt/vñ solches ein Politische ordnung were/dardurch mā gemeiner Statt oder Lād nutz zuschaffen wüßte/so wurd es kein Christ widersprechen/sonder man were der Oberkeit zugehorsamen schuldig.Weil aber in dem Bäpstischen fasten vil mißbrauch steckē/ als namlich/daß sie grossen Ablaß ausser Gottes befelch außschreien/vnd es an sonder zeit vnd tag binden/so doch/wie Origenes super Leuit. schreibt/alle zeit zu der rechten Fasten taugelich ist/vnnd würdt

P 3   Monta=

Widerlegung der

Montanus darumb ein Ketzer gescholten von Apoll. daß er gewisse tag erwelet zum fasten/ Euseb.lib.5. ca.18. Darnebē wirdt auch gewisse speiß/als fleisch/ ayer/käß vnd butter bey einer Todtsünd verbotten/ vnnd doch zů Rom am wenigsten gehalten/ weil sie gemeiniglich Freybrieff haben. Es ist auch der Pfaffen vnd Münch Collatz besser/ als eines zimlichen Burgers Malzeit/so er am Sontag/vñ ein armer Man am Ostertag helt/dañ da hat man Fisch/ gůtten Wein/Gwürtz/Mandel vnd Feigen/ꝛc. muß also am meisten über die arme Tagwercker vñ Ehehalten gehn/so von der speiß abgehaltē werden. Derwegen so künden wir solches fasten nicht für recht sprechen/sonder vil mehr als heuchlerisch vnd schädlich fliehen vnd meiden.

4. Die heilige Schrifft sagt vns von viererley fasten.

I. Erstlich von der gemeinē fasten/wōlche alle zeit soll gehalten werden/ namlich von niechterkeit oder messigkeit in essen vnd trincken/damit überfluß vnd geilheit vermitten bleib/Rom.13. Tit.2. 1.Pet.5.

II. Zum andern/befindt sich ein klagfasten/da von obligender treffenlicher gfar wegē/das volck wirdt ermanet/ daß sie weder essen noch trincken ein zeitlang/damit sie desser geschickter vnd ernstlicher zum Gebett seien. Daruon lesen wir im Bůch Esdræ am achten Capitel. Judith am 4. da weder viech noch Leut etwas haben essen sollen. Daniel am 9. Hester am 4. Joel am 2. ꝛc.

III. Die dritte fast/ist ein notfast/ wann Gott ein Thewre vñ Hunger in das Land schickt/durch mißgewāchß/

Bäpstischen Gegenwürff.

gewächß/ oder Kriegßläuffen/ da sollen wir Gott trewlich anrüffen/ vnnd gedultig sein. 1.Reg.cap.17. 2.Reg.7. daruon Hieron.sagt: Panis & aqua est fortissimum ieiunium/ oder wie im Sprichwort lauttet: Dreimal übel gessen/ ist ein mal wol gfastet.

IIII. Die vierdt ist/ daruon der Prophet Esaias am 58. meldet/ daß man faste von Sünd vnd missethat. Origenes in Leuit.Homil.10.cap.16. Von disem ernennten fasten/ lehret man in den Euangelischen Kirchen. Daher die falsche aufflag der Papisten keine statt vnd raum mag haben.

5. Wir wöllen jnen aber zubedencken geben/ den Spruch Colloss.2. Niemandt lasset euch Gewissen machen über speiß vnnd tranck/ oder über bestimpte Feiertag/ etc. Item 1.Timot.4. Der Geist sagt deutlich/ daß in den letsten zeitē/ werdē etlich vom Glauben abtretten/ vnd anhangen den verfierischen Geistern vnd Lehrern der Teüffel/ durch die/ so in gleißnerey Lugenreder seind/ vnd brandmal in jren Gewissen haben/ vnd verbieten Ehelich zuwerden/ vnd zuuermeiden die speiß/ etc. In disen Sprüchen mercken wir/ daß Paulus von jetziger zeit redet/ vnnd nicht fürnemlich von den Tatianer, Encratiten, vnnd Manicheer. Dann er sagt: In den letsten zeiten/ etc. Zum andern/ setzet er binzů/ In gleißnerey/ wölches von den benannten Ketzern nicht kan verstanden werden/ weil sie offentlich geschmächt vnd geschendt haben den Ehestand/ vnnd die niessung der gewissen speiß. Zum dritte/ sagt er nicht: Sie werden den Ehestand vn fleischessen verdamen/ wie dise Ketzer gethon/ sonder verbietē. Wölches daß allein von dē Papisten

Widerlegung der

pisten verstanden werden kan / sie entschuldigen sich als hoch sie immer wöllen.

XIX. Gegenwurff.

Die Lutherischen machẽ ein rohloß volck / weil sie die gütte werck verbieten / vnnd singen in jren Psalmẽ: Es ist vmb vnser thůn verlorn / verdienen nichts dann eittel Zorn / Die werck die gelten nimmermehr / sie künden vns nicht behütten / ꝛc.

I. Antwort.

Daß die Lutherischen gůtte werck nicht verbieten / das ist Gott bekant / vñ bezeugens jre Predigen vnd Schrifften dermassen / daß auch vnsere Widersächer solches in jhrem eignen Gewissen überzeugt seind.

2. Dann sie klagen vns selbst an / daß wir täglich lehren / diß seien allein gütte werck / so man zuthůn schuldig / wölche Gott in Zehen Gebotten erfordere / So sie hergegen alle werck / wölche gůtter meinung geschehen / für gůt / vnd Gott angenem auß geben / sie gehören zů den Zehen Gebotten oder nicht. Darzů schreiben sie / wir lehren / die gütte werck müssen auß einem rechtgeschaffnen Glauben herkommen / sollen sie Gott gefallen / so sie hergegen auch der vngläubigen werck für ein Gottsdienst außsprechẽ. Hierauß kan ein Christ erkennen / daß sie vns selbst zeugnuß geben / wir lehren von gůtten wercken / vñ zeigen / wie / vnd auff was weiß / sie Gott dem Allmechtigen angenem

Bäpstischen Gegenwůrff.

genem seien/ob wir schon mit jhnen nicht durchauß übereinstimmen.

3. Damit aber vnsern Widersåchern den Papisten/die Lehr von gůtten wercken / so wir durch die Gnad Gottes füren/gnůgsam repetiert/vnnd in die ohren geblewet werde / so bekennen wir/daß diß gůtte werck sein/so von Gott in den Zehen Gebotten begriffen/vnd in Gottes Wort erfordert werden/ vnd daß wir nicht eigne erdichte werck/Gott zůuerehrẽ/ fůrnemen sollen/ Wie wir lesen Ezech.20.da Gott sagt: Nach meinen Gebotten solt jr leben/ vnd meine Gebott solt jr halten/ıc. Vnd Colloss.2. verdampt Paulus die selbsterwölte Geistligkeit. Dise werck aber sollen sie Gott gefallen/so mussen sie herkommen auß einem glaubigen hertzen/ vnd durch den enigen mitler Christum/ dem Himlischen Vatter angenem werden. Rom.14. Was nicht auß Glauben herkompt/ist sůnd.Hebr.11. 1.Pet.2.Zuopffern Geistliche Opffer/ die Gott angenem seind/ durch Jesum Christum/vnd bekennen/ daß wir Christen schuldig seind/nicht nach dem fleisch/ sonder nach dem Geist zuleben. Rom.8. Dann wir seind geschaffen in Christo Jesu/zů gůtten werckẽ/Ephes.2. Also daß Gott dardurch geprisen werd/ der Glaub sein eusserlich zeugnuß hab/der nechst möge gebessert werden/ vnd daß wir auß Gnaden Gottes in eusserlichen sachen dester mehr glůck vnd heil mögen bekommen.

4. Was aber die Psalmen belangt/ die sie ergern/ sollen sie wissen/daß man můß den statum vnd jnnhalt derselbigen betrachten/so wůrdt man befinden/daß nichts anderst darinn wůrdt angezeigt/ als

C was

was Paulus leret (da er Gnad vnnd verdienst einander zugegen setzet / im Artickel der Gerechtfertigung) Rom. 3. Der Mensch wirdt gerecht/ohne des Gesetzes werck/allein durch den Glaubē. Item: Wir werdē one verdienst gerecht auß seiner Gnad/ durch die erlösung/ıc. Ephes. 4. Auß Gnaden seid jr selig worden/durch den Glauben/vnd dasselbig nicht auß euch/Gottes Gab ist es/nicht auß den wercken/ auff daß sich nicht jemandt rhüme/Philip. 3. Gal. 2. Also bekennen wir in obermelten Psalmen/daß wir in der Gerechtfertigung für Gott / mit vnsern wercken nicht bestehn künden/weil sie vnuolkomen seind/vnd das Gesetz nicht erfüllet haben/Sonder wann Gott wolt mit vns rechnen/ oder in das Gericht gehn/so künden wir nicht bestehn/ sonder betten den Fluch des Gesetzes ob vns. Darumb schliessen wir in dem einen Gsang: Herr erbarme dich über vns. Vnd im andern bekennen wir/das Heil sey vns kommen her/ auß lautter Gnad vnd gütte.

5. Damit aber hiemit die werck nicht abgeschafft werden/so meldet der ein Psalm/nicht allein was in den Zehen Gebotten Gott von vns erfordere/sonder auch im eilfften Gesetz / warzū sie dienen/ namlich daß man durchs Gesetz die Sünd erkennen/vñ lehrnen/wie man vor Gott recht leben soll. Der ander Psalm aber/ wölches anfang ist: Es ist das Heil vns kommē her/ıc. zeigt an in etlichen Gesetzen / daß durch den Glauben erfolgē gütte werck/wölche dem nechsten dienen/vnnd durch die Liebe güttes leisten. Ja es sey auch die Lehr des Gesetzes notwendig/dañ dardurch werde die Sünd erkennt / vnd das Gewissen

Bäpstischen Gegenwurff.

sen nidergeschlagen vnnd gedemütigkeit. Derhalben meniglich erkennen kan/ daß die Papisten lust haben zu calumnieren/ vnnd gütte Christliche Gsang vnnd Wort/ felschlich außzulegen/ wölches vor Gottes angesicht ein grewel ist/ vnnd zu seiner zeit würdt ernstlich gestrafft werden.

6. Was auch die gütte werck belanget/ wer es wol von Gott zuwinschen/ daß die Euangelischen durchauß Gottseliger lebeten/ darzu sie dann täglich mit grossem ernst werden ermanet/ vnnd auch vil Christen darunder erfundē/ die sich solches befleissen/ vnd im werck/ souil jhn von Gott Gnad mitgetheilt würdt/ begeren zuleisten. Jedoch so solten die Papisten sich selber anschawen/ vnnd etwas behütsamer sein mit diser anklag/ gegen der Lutherischen leben/ vnd jrem eignen rhům von gütten wercken/ Solten sich zuuor spieglen in jrer Geistlichē Vätter Tyranney/ vnnd schandelichem rohlosem leben/ damit der Layen geschwigen werde/ So wurden sie souil zuschaffen haben/ daß sie der Lutherischen wol möchten vergessen.

7. Ich will auff dißmal allein zum Exempel hierzu notieren/ was Papistische Scribenten haben von jhrem Haupt dem Bapst/ sampt der Statt Rom/ vnd andern jren Glidmassen geschriben/ wölche vnder jhnen sollen die heiligsten sein. Bernhardus libro primo de consideratione ad Eugeniū Pontificem, schreibt also: Es lauffen auß dem gantzen Erdkreiß gen Rom zusamen/ die Ehrgeitzigen/ Geltsichtigen/ Pfriendendieb/ vnd die Beischläfferin für jre Eheweiber haben/ alle die Blütschand begangen haben/

Q 2 vnd

Widerlegung der

vñ was dergleichen bäßlicher vnd schädlicher Thier mehr seind / daß sie durchs Bapsts gewalt die Kirchenämpter erlangen oder behalten mögen. Franciscus Petrarcha hat vom Bapstumb geschriben mit disen wortē: Daß Gottloß Babylon (das ist Rom) ein Nest aller verrhätereien/ in dem das Gifft der gantzen Welt außgebrüret würdt / mit fressen vnnd sauffen verstrickt / ein schandtliche verfluchte Hür/ in der aller überfluß vnd vnzucht allenthalben vmbschweiffet vnd starck regiert/ein freiheit aller Ketzereien vnnd jrrhumb/ein gfäncknuß/ darinn das güt ersteckt würdt/vnd das böß vnnd schandtlich ernöret. Ein Statt/ die Christo vnd seinen Aposteln widerspenstig ist/als die Bacchum vnd Venerem ehret/ etc. Baptista Mantuanus ein Münch/ schreibt also von den trübseligen zeiten: Ir Römischen ziehet in Italiā zü ewerm vatterland/ zü den grundfesten alles bösen/vnd zü den Römischen Schlössern/vnnd zü den Bäpstischen Töchtern/vnder denen alle laster/ wie in einem wüsten Sumpff/ sich zusamen versamlen/ etc.

XX. Gegenwurff.

Die Lutherischen Predicanten/haben ein groß geschrey wider das Bapstumb / warumb seind sie nicht auff das Concilium gehn Trient zogen/ vnd da sich verantwortet/oder den Bapst anklagt?

I. Ant

I. Antwort.

ES haben vnsers theils gelehrte/ ein Christenlich Concilium zubesuchen/ nie abgeschlagen/ wa sie allein rechtmessiger weiß darzů berůffen/vnnd ohne gefahr dasselbig haben mögen erreichen. Aber das Trientisch/vnnd andere Papistische Concilia zumeiden/ haben sie erhebliche vnnd hochwichtige vrsachen gehabt/wölche kürtzlich allhie zumelden seind.

2. Erstlich/dieweil die Bäpstische Cöcilia/ nicht I. durch die Keyserliche Maiestet/ als jrer ordelichen Oberkeit vnd Haupt/ außgeschriben worden/wie in rechtmessigen Concilijs breuchlich/als wir lesen vom Constantino/ der das Concilium zů Nicæa, Theodosius zů Epheso, Iustinianus zů Constantinopel/ Fridericus primus zů Wirtzburg/vnd andere mehr berůffen haben. Dann wie Zabarella ein fürnemer Canonist bezeugt/so haben die Keyser macht vnd recht die Concilia zu conuocieren.

3. Darnach kondten sie nicht befinden/ daß solche Concilia frey seien/wie sie den namen füren/ vnd II. ohne gefahr leibs vnd lebens mögen besůcht werden/ weil wider alle Recht der Ort verdächtig/ auch die Bischoff vnd Prelaten beeydiget seind/nichts wider den Römischē Stůl zu decernieren/ daher kein freie stimm kan erfolgen. So behalten sie die præiudicia/ den Bann vnd Flůch des Bapsts/ vñ anders mehr. Darumb Christus vnd das Wort Gottes/ nicht der Richter seind/vnnd vocem decisiuam haben/ sonder die eine Parth/als der Bapst vnd Prelaten/wölche

Q 3 anklasanklagen vnd verdamen/nach gefallen. Sie haben auch diß zum vrtheil vnnd nie gentzlich widerrüfft oder caſſiert.Da ſie fürgeben/man ſolle kein Ketzer glauben halten/wie im Coſtnitzer Concilio. ſeſſ.19. determiniert iſt worden. Daher ſie einen jeden nach gefallen/für ein Ketzer außſchreien/wann er nicht bald mit jhnen übereinſtimpt/oder ſchon ſein ſach auß Gottes Wort weiſt zuuerthedingen.

4. Deſſen haben wir ein erbärmlich Exempel an dem Coſtnitzer Concilio/da der lobliche Keyſer Sigmund/ein ſtarck Geleidt dem frommen Huſſen gibt/vnd begert jn darbey zuhandhaben.Noch dannoch würdt er verachtet/vñ muß der fromme Mañ Gottes/Johannes Huß/darüber/wie auch Hieronymus von Prag/verbrennt werden/vnnd beſchlieſſen/daß die Ketzer oder verbannte/keiner ſicherung vähig ſeien.

5. Dieweil nun das Recht mit ſich bringt/daß/wer citiert werde an ein vnſicher ort/nicht ſolle erſcheinen/noch in die händ der Feind lauffen/Auch die Geleidtsbrieff ſeind zuuerwerffen/wañ die vmbſtend gefehrligkeit mit ſich bringen/Dann ſolche Brieff endern nicht das böß fürnemen oder gemüt/ſonder geben gelegenheit/vnſchuldige Perſonen an gefahrliche ort zubringen/vnnd jhnen nachzuſtellen/wie die Geiſtliche Recht ſelbſt beweren. Derwegen haben ſich die Euangeliſchen bißher der Papiſtiſchẽ Concilien enthalten.

6. Dann ſie haben auch bedacht/das Æneas Sylulus/der Bapſt Pius 2.genañt würdt/in einer Epiſtel an das Mentziſche Capittel geſchribẽ hat: Daß
die

Bäpstischen Gegenwurff. 127

die Bischöff vnd andere beeydigten des Bapsts verbunden werden/ auch die warheit nicht wider den Bapst zureden. Wiewil mehr wurd es den Euangelischen nicht zugelassen/wölche mehr vrsachen hetten den Bapst vnd sein Grewel/der verwüstung halben/ in Lehr vnd leben zustraffen:

7. Es were auch hie wol weitter zuerzölen/ wie der Fürsten Gesandten zu Trient/ nicht haben mögen fürkommen/vnd von den Bäpstischen Prelaten gehört werden. Daher auch der Keyserlichen Maiestet Orator/Graff Daug von Montfort/ bewegt ist worden/jnen dessen zeugnuß zugebē. Aber die sach ist so bekanntlich/daß es nicht vil vmbstend vnnd probierens bedarff. Der Allmechtig Gott/ wölle bald mit seim letsten Concilio vnnd Reichßtag kommen/ vnd mit der Welt ein end machen/Amen.

XXI. Gegenwurff.

Jr Lutherischen erfahret/ daß ihr weder glück noch heil habt/ es gehn ewere sachen alle den Krebßgang/ darauß ihr billich erkennen solt/ daß euch Gott zuwider sey. Hat man nicht vnder dem Bapstumb gütten frid/wolfeile zeit/ vnd ein rüwigs leben gehabt? wölches sich verlor hat/ nachdem die Lutherischen Sect entstanden.

I. Antwort.

Wann wir auß dem glück vnd vnglück/Gottes huld oder vngnad wöllen vrtheilen/ so werden
nach

Widerlegung der

nach der Papisten meinung die Gottlosen/so das best glück in der Welt haben/Gott müssen angenem sein/ Vnd hergegẽ die Christgläubigen werden von Gott verstossen sein. Ja Türcken/ Juden vnnd Heyden/ werden durchs glück saluiert werden/dañ da befindt es sich/daß es jnen offt besser ergeht/mehr Gelts vnd Güts/sigs vñ schutz haben/ als die rechten Christen.

2. Es ist Christi Reich nicht von diser Welt/daher auch die Christen nicht vil glücks haben zugewarten/sonder verfolgung/trübsal/ angst vnnd not/ wie solches das Exempel vnsers Herrn Christi/ der lieben Apostel vnnd heiligen Märterer gnügsam beweiset.

3. Vnnd solle vns zwar nicht andt thun / daß die Papisten die vrsach des vnglücks auff vns vnd vnsere Lehr schieben/weil es den Propheten vnnd Aposteln bescheben ist/Wie wir dann von Elia lesen/ daß Achab jm die schuld gab/er were der verwirrũg vñ thewre des Lands ein vrsach. Also lesen wir auch/ wie es zur zeit Hieremiæ sey zügangen / da die Israeliten sagten: Wir wöllen der Königin des Himmels reichern/vnnd derselben Tranckopffer opffern / wie wir vnd vnsere Vätter/ vnsere König vnnd Fürsten gethon haben/in den Stetten Juda/ vnnd auff den gassen zü Nierusalem/ Da hatten wir auch Brots gnüg vnd gieng vns wol / vnnd sahen kein vnglück. Seidt der zeit aber / daß wir haben abgelassen zu reichern der Königen des Himels / haben wir allen mangel gelitten/vnd seind durch Schwerdt vñ hunger vmbkommen.

4. Es ist auch zuweil der Teüffel an solchem jamer

Bäpstischen Gegenwürff.

mer schuldig/der so grewliche Abgötterey erwecket/ vñ den rechten gang der Warheit hindern will/dardurch mancherley straffen erfolgen. Darzů bewegt er die menschen zur Tyranney/verachtung Göttliches Worts/zum neidischen gottlosen leben/zur vntrew vñ andern Sünden/dardurch vil übels gestifftet/vnnd auch Gott zů ernstlichem straffen bewegt würdt.

5. Es solt vns nicht verwundern/daß es in der Welt so übel stehet/dieweil Christus vns selbst ein gewaltig Prognosticon vnd Practick Luc. 21. gemacht hat/da wir lesen/wie es zur letsten zeit werde zugehn/wie sich Krieg/thewre Zeit/Erdbidem/Vngwitter/trawren der Element/Verfolgung/Verräterey/falsche Lehr/Neid vnd Haß/auch anders mehr werde erzeigen. Nun ist gewiß/daß es die letste zeittē seind/weil alle Zeichen sich schon haben bewisen/vnd Christus sagt: Es werden die Tag verkürtzet werden/von der Außerwölten wegen.

6. Darnach so beschicht es auch/daß zuweilen den Christglaubigē in diser Welt wolgeht/auch mitten im Creütz/was den Glauben vnd hoffnung belangt/wölchen sie auff Christum vnd das zůkünfftige ewige Leben setzen. Vnd ist das eben ir trost/wañ sie gedencken/weil es inen in diser Welt nicht glücklich allzeit ergehe/wie andern/so müsse ein anders vñ bessers leben erfolgen. Darum den Gotseligen ewig wol/vnd den Abgöttischen vnd gottlosen übel werde sein/wie dañ vom Reichenmañ wirdt gemelt/Luc. 16. Du hast dein güttes in deinem leben empfangen/Lazarus hergegen hat böses empfangen/ꝛc.

R   Zuweil

7. Zuweil geschicht es auch/ daß es den Christ-glaubigen in der Welt/in zeitlichen sachen auch wol gehet/vn̄ Christus seiner Kirchē ein weil rhū schafft/ aber es mischet Gott jmmerdar Creütz neben ein/ damit er die sicherheit hindere/sie im Gebett/demūt/ vnd andern Christlichen übungen erhalt/vnnd auch jr hertz von dem zeitlichen/auff das ewige leite.

8. Derhalben solle man die Lutherische Lehr nicht auß glück vnnd vnglück vrtheilen/sonder auß dem Wort Gottes/wölches in den Schrifften der Propheten vnd Aposteln begriffen ist. Mit wölchē/ so sie übereinstimmet/so solle man sie hertzlich anne-men/es geschehe zur gütten oder bösen zeit/ in glück oder vnglück/dann daran ligt vnser Seelen heil vn̄ seligkeit.

XXII. Gegenwurff.

Es befindt sich in der erfarenheit/daß die Lutherische Lehr / ein auffrürische Lehr ist/ die allerley Krieg vnd empörung erregt/vn̄ treibt die vnderthonen zū vngehorsam / gegen jrer Oberkeit.

I. Antwort.

Daß die Lehr Lutheri / wölche sich auff den Grund der Propheten vnd Aposteln verlaßt/ vnrhū vn̄ auffrhür für sich selbst in Teutsch-lande erwecket hab/ kan mit keinem Grund erwisen werden. Dann solche Lehr bringt mit sich/ erstlich

ein

Jesuiter Gegenwurff.

ein friden des Gewissens gegen Gott/ als dann auch die Liebe gegen dem Nechsten/ dieweil sie vns zů Glidmaß macht der Kirchen/ wölches Haupt Christus vnser Heiland ist.

2. Daß aber der Teüffel solcher Lehr feind ist/ vnd darüber eintweders Tyranney vnd Kriegßempörung erwecket/ oder die Menschen zů vngehorsam vnd vngedult treibt/ solle nicht der Lehr/ sonder dem Teüffel vnnd seinem anhang/ auch der verderbten Natur des Menschen zůgelegt werden.

3. Es antwortet Elias dem Achab recht/ der jn auch dermassen wolt anklagen/ 1. Reg. 18. Ich verwirre Israel nicht/ sonder du vnnd deines vatters hauß/ damit/ daß jr des Herren Gebott verlasset/ vň wandlet Baalim nach/ etc. Also auch Paulus/ da er vom Tertullo bey dem Landtpfleger Felice verklagt wurde/ daß er auffrhür vnder den Juden erweckte/ antwortet er: Ich bekenne/ daß ich nach disem weg/ den sie ein Sect heissen/ diene Gott meinem Vatter/ daß ich Glaub allein/ was geschriben steht im Gsetz vnd in den Propheten/ vň hab die hoffnung zů Gott/ auff wölche sie auch selbst warten/ vnd übe mich zůhaben ein vnuerletzt Gewissen/ allenthalben/ beide/ gegen Gott vnnd dem Menschen/ etc. Deßgleichen můst sich auch Paulus vnd Silas Act. 16. leiden/ als wann sie die Statt Philippis vnrůwig machten/ aber es geschach jnen vnbillich.

4. Es hat Lutherus gnůgsam in offentlichen Schrifften bekannt gemacht/ daß er kein auffrhůr in Teutschland beger anzůrichten/ sonder allein zů frid vnnd Gedult gerhaten/ wie er dann wider der

Widerlegung der Bawren auffstauff/ vnnd des Thomas Müntzer vnsinnigkeit ernstlich geschribē hat/ auch trewlich darfür gewarnet. Wie die Schrifften/ so er an die Statt Mülhausen geschriben/ vnnd andere gnügsam bezeugen.

5. Es lasset sich das Euangelium fürnemlich nicht mit auffrhür vnnd dem Schwerdt erhalten/ sonder mit Gebett vnd Gedult. Vnd würdt für sich selbst auffrhür vnd Rebellion/ ohne rechtmässige vrsachen/ wider die Oberkeit in eusserlichen sachen erhaben/ nicht gelobt/ sonder auff das höchst bey den Lutherischen gestraffet. Dann wir wissen wol/ daß der Antichrist nicht mit Auffrhür/ sonder mit dem Schwerdt des Munds/ vnnd Predig des Euangelions würdt geschlagen/ 2. Thessa. 2. Aber darneben seind auch die Potentaten vnnd Herrn vor Gottes angesicht nicht entschuldiget/ wölche zu solchen empörungen nicht geringe vrsach geben/ durch Tyraňey/ verfolgung/ vñ andern beschwernussen/ deren sie sich gegen den vnderthonen etwann gebrauchen.

6. Man solle auch das nicht für ein vrsach des vngehorsams gegen der Oberkeit halten/ wann die vnderthonen nicht in die Abgötterey vnnd falsche Lehr wöllen verwilligē. Darzu sie die Oberkeit treibet/ dann es steht nicht in gewalt der Oberkeit/ eim Christen sein Gewissen zubeschwerē/ mit einer Lehr/ so wider Gott strebt. Dann wie Theophylactus über das 22. Capit. Matth. de censu. meldet/ so solle man dem König gehorsam leisten in eusserlichen sachen/ aber in innerlichen vnd Glaubens sachen/ solle man Gott gehorsamen.

Wann

Bäpstischen Gegenwürff.

Wañ dich (schreibt Augustinus) ein Burgermeister etwas heißt / vnnd der Keyser heißt dich etwas anders / so volgstu dem Keyser / nicht daß du den Burgermeister verachtest / sonder / dieweil der Keyser grösser vnd höher ist in seim Ampt / vnd solle der Burgermeister nicht zürnen. Also wann dich die Weltlich Oberkeit etwas heißt / vñ (Gott) was anderst / so volge Gott / als der höchsten Oberkeit / ꝛc. Daruon mag man lesen Chrysost.Ser.42.super Matthæum.Hieron.ad Furiam viduam. Ius Canonicũ causa 11.quæst.3.ca.Qui resistit,&c.

7. Dessen haben wir feine Exempel / erstlich in heiliger Schrifft / als im Sidrach, Mesach vñ Abednego / im Daniele / vnd den lieben Aposteln. Als daß auch im Eusebio lib.4.ca.15.da Polycarpus nicht will bey des Keysers glück schweren. Item Hormisda will auch von des Königs in Persia wegen / Gott nicht verlaugnen. Theodoret.lib.5.cap.39. Vnd Ambrosius bezeugts von dem Keyser Iuliano Apostata, wölcher hat etlich Christlich Kriegßleut gehabt / die volgten dem Keyser / vnd erzeigten sich mannlich wider den feind / wann er aber sie wider die Christen wolte gebrauchen / so schlugen sie jm den dienst ab.

8. Zuletst / kan ich nicht vmbgehn / vnnd muß die Papisten auch erinnern / daß vor der zeit Lutheri vil Krieg vnd vneinigkeit in der Christenheit gewesen seind / wie die Historien bezeugen / vnnd wöllen allein melden / was für jamers vnd blůtuergiessen etliche Bäpst haben angericht / Otto der erst diß namens / hat mit grosser gefahr / mühe vnnd arbeit wider die Saracener kriegt / vnnd Rom von jren feinden

Widerlegung der

den erlediget/aber Bapst Johannes 12. der felt von jm ab/zum König Albrecht/der sich in Corsica erhielt/vnd erweckt grossen auffrhůr vnnd Krieg wider Ottonem.

Wie handelt Bapst Hildebrand/Gregorius 7. genannt/mit Keyser Heinrich/da er wider jn Rudolphum Hertzogen in Schwaben erweckt/der dann in der Schlacht vmb ein Hand kam. Vnd da er schier sterben solt/hat er den Bischoffen die abgehawene Hand gezeigt/vnnd gsagt: Sehet/jr Geistliche herren/das ist die Hand/damit ich meinem herrn Keyser Heinrich ein leiblichen Eyd gethon/vnd zugehorsamen versprochen/wider wölchen jr mich verhetzet habt/ꝛc.

Vrbanus 2. hat sonil angericht/daß des Keisers Henrici 4. Son/sein vatter kläglichen in eim Kercker laßt sterben.

Der Bapst Alexander/hat den Keyser Friderich dem Soldan verrhaten.

Was ist dem Keyser Ludouico 4. begegnet von den Bäpsten/daher Marsilius Patauinus alle Keyser warnet/daß sie vom Ludouico 4. ein Exempel nemen/vnd sich vor den Bäpsten hůten sollen/ꝛc.

Man lese/wie der Bapst Gregorius 9. mit dem Keyser Friderico 2. ist vmbgangen/in einem Heidnischen König/durch die Tempelherrn verrhaten wöllen/vnd darnach sein Son König Heinrich jm entgegen gehetzet/Meiland/Bononien/Parma vñ Venedig mit grosser auffrhůr wider jn bewegt/ꝛc.

Es würdt auch geschriben vom Bapst Iulio/das er in siben jaren/bey zweimalhunderttausent Menschen

Bäpstischen Gegenwürff. 135

schen hab durch Krieg vmbgebracht. Will jetz geschweigen deren Keysern/wölche sie mit Gifft vnnd andere böse Practick haben vmbgebracht/oder sonst grossen hön vnd spott bewisen.

XXIII. Gegenwurff.

Man soll keinem Lutherischen Ketzer glauben halten.

I. Antwort.

ERstlich solle man fleissig bedencken/ daß es nicht an dem geschrey vnnd namen eines Ketzers gelegen ist. Wölchen auch vnschuldige vñ rechtglaubige Christen haben müssen tragen/sonder man muß lernen erkennen/was ein Ketzer sey/namlich ein solche Person/ die jhr ein Leht vnd Gottesdienst erwölet/ wölche wider Gott/ wider die Lehr der Propheten vnnd Aposteln streittet vnnd strebet. Daher die Canones/ die Götzendiener/auch Ketzer nennen/wie Iacobatius bezeugt/vnd wöllen/man solle sie meiden/ weil sie wider den befelch Gottes handelnt/ wölcher also lauttet: Du solt dir kein Bildnuß/noch jrgent ein gleichnuß machen/rc. Dieweil nun aber die Lutherischen nicht künden auß Gottes Wort einiges jrthumb oder Abgötterey überzeugt werden/so solle man sie nicht für Ketzer auß schreien/ noch vil weniger ohn rechtmessige vrsach kein Glauben wöllen halten.

2. Daß es auch einer Christlichen Oberkeit nicht gebürt gegen eim Ketzer/ wölcher seines jrthumbs
überzeugt

Widerlegung der

überzeugt kan werden/zugesagtes Gleidt vnd Glauben zubrechen/weil es nicht Göttlich ist/ vnd widerstrebt dem Gebott: Du solt kein falsche zeugnuß geben/ꝛc.

3. So ist es auch weder billich noch loblich/ daß man zugesagtes Gleidt vnd glauben breche/vnnd ein anders im hertzen hab/als man mit ernstlicher vnd rechtlicher zusag einem verheist.

4. Es erfolget grösser schaden darauß/ dann er wirdt das Ampt der Oberkeit hiemit verkleinert/ jr traw vnd glaub verdechtig gemacht/ vnd werden die Ketzer nur dester hitziger. Dann sie gedencken/ solten die recht haben/die jrer trew vñ zusagung vergessen/ was ist das für ein Glaubens frucht? Werden also in jren jrthumben gestercket/vnd andere dardurch verursachet/ forthin keinem gleit glauben zugeben/vnd sich zu absentieren/da sonst hoffnung were solche irrige leut zurecht zubringen.

5. Es wirt auch dardurch vrsach geben/ daß die Potentaten vnd Herren/die selbst in Abgötterey stecken/sich des Sententz (man solle keim Ketzer kein glauben halten) wöllen behelffen/ vnnd sich an vnschuldigen vnd Christglaubigen Menschen vergreiffen. Ja der Türck selbst/ möchte sich auch solches Bäpstischen Sentents/ wider die Christenheit gebrauchen/wölcher vns für Ketzer vnd falschgläubige Leut helt/vnd jm selbst die ware Religion felschlich zůmisset.

6. Mich verwundert aber/daß man mit etlichen Christen/so die Papisten für Ketzer außschreien/ein solchen ernst braucht/vnd jhnen Glaub vnnd Trew absagt/

Bäpstischen Gegenwürff.

absagt/so sie doch die Juden/wölche offentliche vnd lösterliche feind Gottes seind/schützen vñ schirmen/ vnnd das beste Gleidt jhnen mittheilen/also/daß es offt gefahrlicher ist einen Juden/dann ein Christen zuuerletzen.

XXIIII. Gegenwurff.

Was man in gütter meinung Gott zu ehren thut/solt das vnrecht sein? Wann schon etliche Gottsdienst/so von Menschē gütter meinung verricht werden/nicht nutz weren/wie die Lutherischen fürgeben/so zeigen sie mir an/was sie für schaden bringen?

I. Antwort.

Nach dem Gott die ewige vñ wesentliche weißheit ist/vnd alle Menschen seinem willen vnderworffen seind/so gefelt es Gott/daß wir jm dienen nach seinem willen vnnd wolgefallen/wie er sich in seinem Wort geoffenbaret hat/Deuter.10. Nun Israel/was fordert der Herr dein Gott von dir/dann daß du den Herrn deinen Gott förchtest/ daß du in allen seinen wegen wandelst/vnd liebest jn/ vnd dienest dem Herren deinem Gott/von gantzem hertzen vnd Seel/daß du die Gebott Gottes haltest/ vnd seine sitten. Item Deuter.13. Jr solt dem Herren ewerem Gott nachfolgen/wandeln/vnd jn förchten/vnnd seine Gebott halten/vnnd seiner stimm gehorchen/auch jm dienen/vnd jm anhangen. Lucæ 1.

S   Gott

Widerlegung der

Gott hatt auffgericht ein Horn der Seligkeit/in dem Hauß seines dieners Dauids/daß wir erlöset auß der hand vnser Feind/jm dieneten in forcht vnser lebenlang/in heiligkeit vnd gerechtigkeit/die jhm gefellig ist.

2. Daher Augustinus lib.1. de consensu Euangelistarum cap.8. zeucht an den Spruch eins Heyden Socratis/wölcher also lauttet: Man soll ein jeden Gott nicht anderst ehren/dann wie er selber befolhen hat zuehrē. Darauff schleußt nun August. Weil die Heyden haben den waren Gott nicht verehren dörffen/anderst/als er befolhen hab/vnnd darüber solchen Gottsdienst verlassen/damit sie nicht wider andere jre Abgötter handeln/wieuil mehr gebüre vns Christen/daß man Gott nicht anderst ehre/dañ nach seinem Wort vnnd befelch. Dann wer sich vnderstehe Gott zuehren auff ein ander weiß/als er sich geoffenbaret hat/der ehret nicht Gott/sonder sein gütduncken oder Satzungen. Daher auch der Bapst Alexander anzeigt/warum̃ man das Saltz im Tauff brauche/Distin.3.Ca.de consensu sal. cœlest. &c. namlich darum̃/auff daß alle/so getaufft seind/jre werck auff Gottes Wort gründen.

3. Daß aber hergegen gütte meinungen Gott nicht/als ein besunder Gottsdienst gefalle/würdt gnugsam erwisen auß dem 15.cap. Matth. da Christus spricht: Vergebens ehret jr mich mit Menschensatzungen. Deut.12. Jr solt nicht thůn/was euch gůtdunckt/ꝛc. Deuter.4. Jr solt nichts hinzůthůn oder daruon/auff daß jhr Gottes Gebott halten. Dann wañ es solle Gottsdienst sein/so mussen wir vns in willen

Bäpstischen Gegenwürff. 139

willen des Herren ergeben/ wie ein trewer Knecht/ der nicht thůt/ was jm gefelt/ sonder was sein herrschafft von jm erfordert.

4. Es bestehtiget auch Christus nicht allein in dem Spruch Matth. 15. daß die gütte meinungen/ ausser Gottes Wort erdacht/ nicht nutz seien/ sonder sie seien auch vilmals vrsach/ das man Gottes Gebott verlasset vnnd auffhebt/ als er spricht zů den Phariseern: Jr lehret/ wer zů Vatter vnnd Mütter spricht/ Wann ichs opffere/ so ist das vil nützer/ der thůt wol/ damit geschicht es/ das niemandt hinfürt seinen Vatter oder seine Mütter ehret/ vnnd habt also Gottes Gebot auffgehaben/ vmb ewer Auffsätz willen.

5. Jun Römern am 14. spricht Paulus: Was nicht auß Glauben herkompt/ das ist sünd. Item Hebr. 11. Ohn Glauben ists vnmüglich Gott zugefallen. Dieweil nun die gütte meinung der Papisten nicht herkommen auß Gottes Wort/ haben kein befelch noch verheissung Gottes/ darauff sich der Glaub verlassen künde/ sonder auß jhren lehren gedancken/ so volgt darauß/ daß sie Gott nicht gefallē.

6. Wir sollen auch ansehen die Exempel/ als im 2. Reg. 6. da Ozia die Arch des Herrn/ so fallen wolt/ gütter meinung in der not wolt erhalten/ der müßt darüber sterben. Item Petrus Joann. 13. demütiget sich gütter meinung/ vnnd will nicht gern zůlassen/ daß der Herr Christus jhm die Füß wasche. Aber dem Herren Christo gefelt sein wolmeinung nicht/ sonder tröwet jhm auffs ernstlichest. Luc. 10. hatte Martha ein gütte meinung/ daß sie Christo leiblich

S 2   dienet/

Widerlegung der

dienet/aber sie würdt von Christo gestrafft/daß sie nicht zuuor Gottes Wort höret/wie Maria.

7. Es haben auch die Heyden auß gütter meinung vil Abgötterey erdacht/dardurch den höchsten Gott zuuerehren/aber solches ist ein grewel gewesen vor Gott. Item von den verfolgern der Kirchen/meldet Christus selber Joan.16. Es kompt die zeit/daß/wer euch tödtet/wirdt meinē/er thue Gott ein dienst daran. Vnd solches bezeugt das Exempel Pauli/wölcher sehr eifferig ist gewesen vmb der Väter Gesetz/aber dannoch höret er von Gott: Paule/ was verfolgest du mich.

8. Darauß vernemen wir/daß die Gottsdienst nicht sich gründen/auff vnsere gütte meinung/vnnd gefelt Gott keins wegs/wann man jhn will anderst ehren/als er befolhen hat. Darumb auch der Papisten Lehr/von jhren erdichten Gottsdiensten/vnnd wolmeinungen/nicht allein auff zweiffel erbawet/ sonder wie Salomon in Sprüchwörtern am 16. capittel sagt: Es gefelt eim ein weg wol/aber sein letsts reicht zum todt/das ist/im Menschlichen gütduncke ist nichts/dann eittel verdamnuß.

XXV. Gegenwurff.

Wir wöllen als wol durch Christum selig werden/als jr Lutherischen vermeint selig zuwerden/dann wir wissen auch/daß Christus für vns gelitten hat/vnd gestorben ist/allein solle dem Menschen durch
Glauben

Bäpstischen Gegenwürff.

Glauben vnd gutten Wercken/ solcher verdienst zůgeeignet vnd appliciert werden.

I. Antwort.

Wann die Papisten von hertzen/ ohne allen betrug/ gedechten durch den verdienst Christi seligzuwerden/ so wolten wir Gott loben vnnd preisen/ auch mit jhnen bald zur einigung kommen/ dardurch vil blůtuergiessung vnd anders übels solte vermitten bleiben. Aber es fehlet vnsern Papisten an drey fürnembsten stucken.

I. Erstlich an dem Herren/ der die Gnad vnnd seligkeit gibt.

II. Zum andern/ an den mitlen/ dardurch sie geben werden.

III. Zum dritten/ an der Geistlichen hand/ darmit man sie annimpt vnd fasset. Vnd in disen dreien stucken/ seind wir Lutherischen vñ die Papisten stracks widereinander.

2. Erstlich/ was den Herren Christum belanget/ befindt es sich im werck/ daß die Papisten jhm die Creaturen auff die seitten stellen/ vnd jn nicht erkennen für den einigen vnnd volkomnen mittler/ versöner vnnd fürsprecher/ durch wölchen wir die vergebung der Sünd/ die Gerechtigkeit/ so vor Gott gilt/ vnd das ewige Leben bekommen. Sonder sie lehren/ daß man durch den verdienst der Mutter Christi/ vnd der lieben Heiligen/ solche Gnad bekomme/ wie der Canon der Meß/ vnd die Collecten von den Heiligen erweiset. Daher Johannes Keisersperger gůt

Widerlegung der

rund bekennt (In nauicula pœnitentiæ) daß Christi leiden nicht die volkomne vrsach sey vnser erlösung/ wie auch Gabriel Biel gleichfals bestehtiget. Catharinus Episcopus Compsanus, in libro de incruento sacrificio noui Testamenti/ vnd andere Papistische Scribenten schreiben: Christus hab gnug gethon für die Erbsünd/vnd für die Sünd/ so vor dem Tauff bescheben/aber für die Sünd nach dem Tauff/müssen die Menschen selber gnug thůn/vnnd bůssen. Etlich schreiben: Christus hab gnug gethon für die Sünd/ aber für die Straff der Sünden/ müsse ein Christ selbst bůssen. Rubertus Tuitiensis Abbas in lib.9. de diuinis officijs cap.2. schreibt also: Christus vertritt vns nicht mehr bey Gott dem Himlischen Vatter/vnnd ist vnrecht/daß man spreche: Christe bitte für mich/ sonder es gehört den Heiligen zů.

II. 3. Darnach so haben die Papisten auch die mittel verfelscht/ dardurch Gottes Gnad solle volgen/ vñ nicht allein vil Sacrament erdacht/ wölche von Gott nicht darzů geordnet/ sonder auch die verordnete/als den Tauff vnd das Nachtmal Christi/mit vilen Abgöttischen Ceremonien befleckt/ auch zum theil geendert vnd gestimlet/darzů vñ darvon thon/ nach gefallē/wie an seinem ort auch gemeldt ist worden. Darneben haben sie vil mittel erdacht/ wölche keinen grund nicht haben in Gottes Wort/dardurch man Gottes Gnad vñ Ablaß der Sünden solle empfahē/als durch das erdicht verschnopffer der Meß/ Ablaß/ Creütz/ durch Walfarten/ geweichte Palmen/ Kertzen/ Kreutter/ Saltz/ Wasser/ Oelung/ Rauchwerck/Stifftungen/Creützgäng/Agnus Dei, &c.
4. Zů

Bäpstischen Gegenwürff.

4. Zů dem dritten/fehlet es vnsern Papisten an III. der application/da sie fürgeben/ Der Mensch werde gerechtfertiget/vnnd verdiene das jenig/was Christus erworben hat/ durch den Glauben vnnd gůtte werck. So doch die vergebung der Sünden auß Gnaden geschicht/ vnnd derhalben sein correlatiuum nicht ist der verdienst gůtter werck/sonder allein der Glaub. Dann Glaub vnnd Gnad gehören zusamen/ nicht Gnad vnd verdienst. Es ist des Glaubens eigenschafft/begreiffen die Gnad Gottes/ vnnd nicht der werck. Daher Petrus spricht in der Apostel Geschicht im 10. capittel: Es zeugen alle Propheten/ daß im Namen Christi vergebung sollen empfahen/ alle die daran glauben. Vnnd Joann. am 3. spricht Christus selber: Wer glaubt/der würdt selig/wie solches auch das dritt vnd vierdt Capittel zů den Römern bezeugt.

5. Dañ wañ wir mit vnserm verdienst der werck/ solten den verdienst Christi erwerben/ so müsten wir im stehten zweiffel stehn/ so doch glaubt solle werden die verzeihung der Sünd/ wie wir in Symbolo Apostolorum bekennen. Vnd wurde von nöten sein/ daß wir das Gsatz erfülleten/ wölches vns vnmöglich ist/damit nicht der fluch des Gsetzes/vns werck loß machet/ vnnd des verdiensts Christi beraubet. Vnd geschehe vns gleich nach der Papisten meinũg/ als wann ein armer Mensch mehr schuldig were/als er köndte bezalen/vñ darüber solte in Schuldthurn kommen/er wüßte aber in einem hauß/ oder bey einem grossen Herrn groß Gůt vnd Geldt/ deß er aber nicht köndte bekommen vnd geniessen/were jhm
vil we-

vil weger/ als wann er nichts darvon wißte.

6. Hierauß kan man erkennen/daß die Papisten wider sich selber seind/wann sie fůrgeben/sie wöllend auch durch Christum selig werden/dieweil sie stracks dem ordenlichen proceß der Seligmachung zuwider handeln/vnnd darneben bekanntlich ist/ daß sie alle die jenigen verjagen/wůrgen vnd tödten/wölche allein durch Christum begeren selig zuwerden/vnd mit dem Glauben/als einer Geistlichẽ hand/ sich zů dem reinen Wort Gottes/ vnd H. Sacramenten halten/ dardurch Christi verdienst/vnnd alle Gnad Gottes fassen/vnd jnen zůeignen.

XXVI. Gegenwurff.

Wann alle ewere Predicanten zusamen theten/ so kůnden sie nicht Teůffel außtreiben/als vnsere Pfaffen vñ Jesuiten gethon haben.

I. Antwort.

ES pflegt der Hellische Satan/ auff zweierley weiß den Menschen zubesitzen/ wie ims Gott verhenget. Erstlich besitzt er die Menschen an der Seel/wölches das gefährlichest ist/da er reitzet zur Abgötterey/Aberglauben/sicherheit/ vnd allerley gottlosen leben. Da haben nun die trewe Diener des Euangelions täglich jhr arbeit/damit sie durch das Wort Gottes/vnnd ernstliche Gesetzpredig dem Teůffel wehren/wölches dañ nicht ohne frucht abgeht/ob schon nicht alle Menschen hierinnen sich bewegen

Bäpstischen Gegenwürff.

wegen lassen. So begibt es sich dannoch / daß der vierdte theil seine frucht bringt/wie Christus Matt. 13. durch ein Gleichnuß zuerkennen gibt.

2. Also hat Lutherus seliger/sampt andern Gottseligen Lehrern/ein zeitlang/ vnnd noch in Teutschland vnd andern orten / mündtlich vnd schrifftlich/ auß vil tausent Menschen getribē/ den Abgötterey/ teüffel/ Gleißnereyteüffel / Hoffartteüffel/ Saufftteüffel/Hüreryteüffel/vn̄ andere böse Geister/welche die Menschen zum falschen Glauben/ Sünd vnd missethat gereitzt haben.

3. Was aber die leibliche besitzung des Teüffels belangt/so ist es vnlaugbar/daß zuweilen Gott dem Teüffel verhenget/ einen Menschen am leib anzugreiffen vnd zuquelen/ damit die Welt/so dem Wort Gottes nicht allzeit glauben geben will / ein lebendiges Exempel hab zuerkēnen/was des Teüffels Tyranney were / wa Gott vns nicht behüttete / damit wir die sicherheit hinlegen/ vn̄ dester ernstlicher vns wider den Teüffel mit den Geistlichen waffen versehen.

4. Dise besitzung des leibs / bringt dannoch ein Menschen nicht ins ewig verderben/ wa er zuuor ist büßfertig gewesen/ wie wir im 13. cap. Matth. lesen/ daß ein Weib vom Sathana wol 18. jar/ist gemartert vnd gebunden worden / vnd dannoch vom Herren Christo ein Tochter Abrahams genennt würdt/ das ist/die den seligmachenden Glauben Abrahæ gehabt hab. Dann es ist ein leiblich Creütz / das Gott über ein Menschē verhängt/andern zum Exempel/ vnd redt oder thut ein solcher Mensch nicht was er

T will/

Widerlegung der

will/ sonder der leidige Sathan gebraucht sich der Instrument des Menschens/ zů seinem verflůchten thůn/ als vil vnd lang es jm Gott zůlaßt.

5. Disen Teüffel außzůtreiben/ haben sich die Euangelischen Predicanten alle zeit vnderstanden/ vñ auch mit nutz dasselbig verricht/ aber doch nicht auff ein solche weiß/ wie die Papisten. Dann ernañte Predicanten gebrauchen sich der Geistlichen waffen/ als namlich das Gebett/ sampt dem Göttlichen Wort/ vnnd geben Gott hierinn kein ordnung/ stimmen auch kein gewisse zeit/ sonder stellen es Gottes Gnedigem willen heim/ wie andere leibliche Creütz. Vnd so es sich verziehen will/ so halten sie dester ernstlicher an im Gebett der Christlichen Kirchen/ biß daß Gott sein Gnad darzů gibt.

6. Hiemit aber wöllen sie die Euãgelische Lehr/ so in der Augspurgerischen Confession begriffen/ nit erst bestehtigen/ als mit newen wunderwercken/ sonder sie haben darmit jr Christenthumb/ vñ haben ein solche Lehr/ die sie täglich auß den Gnaden Gottes füren/ wölche durch Christum/ die Propheten vnnd Aposteln/ auch andere Gottseligen Christen der ersten Kirchen schon ist mit wunderwercken bestehtiget worden. Vnnd wissen auch/ daß nach der außbreittung des Euangelions/ die wunderwerck mehrerstheils auffgehöret/ wie die Kirchenhistorien bezeugen/ vnd nicht so gemein gewesen seind.

7. Daß aber die Papisten sich jrer Pfaffen vnd Jesuiter teüffel außtreiben/ rhůmen/ gedunckt mich/ sie solten sichs vil mehr schämen/ dann sie jre Abgötterey/ Zauberey vnd betrug/ gnůgsam an tag geben/
vnd

Bäpstischen Gegenwürff.

vnd gantzem Teutschland bekannt gemacht haben/ daruon aber zulesen/ will ich meniglich ermant haben/ zu des Herrn D. Marbachij Buch von Miraculis vnd wunderwercken geschriben/wider L. Martin Eisengrein/ ꝛc. darinnen würdt ein Christ alles gründtlich vnnd weitläuffig beschriben finden/ was von der Jesuiter Teüffelbschwören zuhalten sey. Dann wa ich solte alle actiones mit jren vmbstenden erzölen/ vnnd die Pillulen/ so man den Personen in getrenck geben hat/ resoluieren/ vnnd jre simplicia erklären/ da gehorte wol ein besonderer tractat darzu/ will allein in gemein ein wenig melden/ vom Teüffel außtreiben/damit ich dem gemeinen Mañ/ so nicht weitläuffig daruon lesen mag oder kan/ ein kurtzen bericht darinn gebe.

8. Es ist gewiß/daß auch die Abgöttische vnnd zauberische Menschẽ/durch des Teüffels beystand/ wunderzeichen thun/ so jnen solches Gott verhenget/ wie wir lesen von Zauberer in Egypten/wölche dem Moysi vnd Aaron nichts wolten nachgeben. Daher auch Moyses würdt bewegt/Deut.13. das volck Gottes vor den Zauberer zuwarnen/da er schreibt: Wañ ein Prophet oder Träumer vnder euch würd auffstehn/vnd gibt dir ein Zeichen/vnd das Zeichen oder wunder kommet her/daruon er dir gesagt hat/vnnd spricht: Laßt vns andern Göttern volgen/ die jhr nicht kennet/vnnd jhnen dienen/so soltu nicht gehorchen. Dann der Herr dein Gott versücht euch/ daß er erfare/ob jr jn von gantzem hertzen liebet/ꝛc.

9. Vnnd haben auch die falschen Propheten zu aller zeit mit wunderwerck jr Lehr wöllen bestehti-

T 2 gen

Widerlegung der

gen. Darvon redt Christus Matth. 7. Es werden vil zů mir sagen an jenem tag: Herr/Herr/haben wir nicht in deinem Namen Teüffel außtriben? Haben wir nicht in deinem Namen vil thaten gethon? Dann werde ich jnen antworten/vň bekennen: Ich hab euch noch nie erkannt/weichet alle von mir jhr übelthätter. Item/Matt. 24. weissagt Christus/daß vor dem Jüngsten tag falsche Propheten werden erstehn/vnd grosse Zeichen vnd wunder thůn/daß verfůret möchten werden in jrrthumb/auch die Außerwölten/wa es möglich were. Also schreibt auch der Apostel Paulus in der 2. Thessal. 2. von des Antichrists Regiment/daß er werde kommen nach der wirckung des Sathans/mit allerley lugenhafftigen krefften vnd Zeichen/ꝛc.

10. Daher es von nöten ist/daß wir die wunderwerck auß Gottes Wort vrtheilen/ob sie recht oder vnrecht seien/ob sie auß krafft des H. Geists/oder des leidigen Sathans bescheben. Da gehört nur das zů/das wir drey stuck fleissig erwegen:

I. Erstlich ob auch Gottselige Personen/das treiben durch ein ordenlichen beruff.

II. Zum andern/ob man rechtmessige vnd Göttliche mittel gebrauche.

III. Zum dritten vnnd letsten/ob solches auch geschehe zur beförderung Gottes Ehr/vnnd seines seligmachenden Worts. Wa nun ein wunderwerck solche prob helt/so solle man es annemen. Wa aber solches nicht erfolgt/solle mans als Zauberey/fliehen vnd meiden.

11. Jetz bedenck/was die Papistischen Pfaffen
vnd

Bäpstischen Gegentürff.

vnnd Jesuiten für Personen seien/ namlich die jhren Beruff haben/ täglich wider die reine Lehr vñ rechten gebrauch der heiligen Sacramenten zuhandeln/ Christo sein Ehr vnd Ampt zuschmälern/ verbieten/ was Christus freygelassen hat/ vnd was Christus gebotten hat/ das endern sie nach des Bapsts gefallen/ wölcher nicht solle getadelt werden/ wañ er schon die Leut hauffechtig mit jhm in die Helle hinab füret. Das ist nun die erste prob/ darinn ich dannoch nicht nach lenge jhr Gottloß wesen erzöle/ vnnd alle böse Practicken vñ Morderey wider die Christen erdacht/ der Feder befelhen mag.

12. Was nun jhre mittel seind/ ist auch mehrerstheils bekannt/ als namlich die Letania/ vnnd anruffung der Abgestorbnen Heiligen/ wölche zum theil noch nicht mit dem Leib aufferstanden seind/ das Weyhewasser/ geweicht Saltz/ Kertzen/ Crucifix/ geweichte Kreutter/ Pillulen/ vnnd besondere exorcismi. Darzů kompt nun das erdichte versönopffer der Meß/ Walfarten vnd andere Ceremonien/ wölche nicht allein kein Grund haben in Gottes Wort/ auch kein befelch noch verheissung Gottes/ sonder stracks darwider strebend. Vnnd das ist die ander prob/ so der Papistischen Teüffel außtreibe/ vngöttlich zusein/ erweiset.

13. Zů was end sie auch solches Spectackel anrichten/ ist menigklich bekannt/ daß sie dardurch jhr vilfeltige Abgötterey vnd das gantz Bapstum wöllen bestehtigen/ wölches voller grewlichen jrthumb stecket/ so wider Gott vnd sein Wort von Menschen erdacht worden seind.

T 3 Müß

14. Muß zuletst binan hencken/ was neben andern zů alten Oetingen im Bayerlandt/ für groß wunderwerck beschehen ist/ in beysein etlicher Augspurger.

Anno 1570. den 21. Jenners/ wie es L. Martin Eisengrein fleissig beschriben. Namlich/ daß der Jesuiter Canisius/ mit dem Teüffel/ so ein Tochter besessen/ in der Capell zů Oetingen/ dermassen neben andern hat geredt/ daß der Teüffel darüber bekert ist worden. Hat das Vatter vnser fünff mal gebettet/ vnd alle zeit daran gehenckt/ in die wunden des Erlösers vnd Seligmachers Jesu Christi. Also hat er auch das Aue Maria gesprochen/ vñ wañ der Teüffel gesagt: Du bist voller Genaden/ hat er hinzůgesetzt: Dein Genad vnnd barmhertzigkeit sey mit allen denen/ die in disem würdigen Gottshauß/ vnnd letstlich mit disem anhang beschlossen: Bitte Gott für sie. Darnach hat der böse Geist angefangen die Mutter Gottes auff das höchste zupreisen/ vnd jhr gewaltige Tittel mit zierlichen worten zugeben/ vnd also ein stattlichen widerrůff gethon/ etc. Hie hörstu lieber Leser/ daß Canisius souil hat außgerichtet/ daß der Teüffel bekert/ auch zum fürsprech vnnd fürbitter der Papisten worden ist.

15. Daß aber die Papistischen Pfaffen/ zuweil den Teüffel mit worten vnnd Abgöttischen Ceremonien außtreiben/ vnnd der Teüffel verlasset auff jhre action den armen Menschen/ damit geschicht dem Teüffel nicht gewalt oder was widerwertigs/ er stelle sich wie er wölle/ sonder er weicht gern/ damit er deren Seelen besitzen möge/ die dardurch in jren

in jhren jrrthumben vnnd Abgötterey werden bestehtiget.

16. Gott der Allmechtig aber lasset solches nicht zů/ohne sonder vrsach/dann er will seine Christglaubigen zum Göttlichen Wort treiben/darauß sie vrtheilen sollen/ob solches falsche oder rechtmessige wunderwerck seiend. Vnnd müssen sich da rechten Christen bekannt machen/ob sie sich solche Zeichen oder wunderwerck vom rechten Gottsdienst abwenden lassen/vnnd Gottes Wort hindan setzen. Wie es dem Achab widerfůr/der von Baalitischen Pfaffen wůrdt dermassen betrogen/daß er dem Propheten Micha nicht wolt glauben geben. Vnd also dienet es den Papistē wie Pharaoni/zur grossen straff/daß sie dardurch in jrer Abgötterey gesterckt vnnd verblendt werden/weil sie sich frefenlicher weiß vom Euangelio enthalten/auch mit dem wunderwerck Christi nicht begnůgt seind.

XXVII. Gegenwurff.

Jhr Lutherischen berůfft euch stehtigs auff die heilige Schrifft/vnnd verlasset darüber der Kirchensatzungen. Ist doch die Kirchen vor der heiligen Schrifft gewesen.

I. Antwort.

WAs die Satzungen der rechten Christlichen Kirchen gelangen/wissen wir daß sie dienlich seind zur ordnung/zur zierd vñ aufferbawũg/
wie

Widerlegung der

wie Paulus 1. Corint. 4. bezeugt/ damit das jenig so võ Gott verordnet/ desto füglicher kündte ins werck bracht werden. Aber daß sie sollen zů der Seelen heil dienlich sein/ vñ die verzeihung der Sünden mit sich bringen/ das lehret die rechte Kirch nicht/ kan auch allein den Satzungen Gottes/ vñ nicht den Menschlichen zůgelegt werden.

2. Dieweil nun aber das Bapstumb vil Ceremonien vnd Satzung hat/ allein von Menschē erdacht/ wölche sie zů der seligkeit wöllen als ein vrsach nötig machen/ daß doch in keinem Kirchengewalt steht. Darumb seind wir solchem zuwider/ vnnd begeren vns Christlicher freiheit zugebrauchen/ vnd das Gewissen daran nicht lassen binden.

3. Daß sie aber fürgeben/ die Kirch sey vor der Schrifft gewesen/ darumb so můß man der Kirchē

I. fürnemlichen volgen. Hierauff sollen sie wissen/ Erstlich erkennen wir jre Kirchen nicht für die ware Catholischen Kirchen/ dieweil sie die rechten malzeichen der Kirchen nicht haben/ als das reine Wort Gottes/ den rechten gebrauch der H. Sacrament/ vnd die ware anrůffung Gottes/ neben andern von Gott verordneten Gottsdiensten. Sonder vil mehr verfolgen sie mit Fewr/ Schwerdt vnnd Wasser/ die jenigen/ so bey der reinen Lehr/ so in H. Schrifft verfasset/ begeren biß an das end zuuerharren.

II. 4. Darnach wissen wir wol/ daß die Kirch ist gewesen/ ehe das Wort Gottes/ der Propheten vnnd Aposteln/ ist mit der Feder oder anderen instrumenten auffgezeichnet/ vnd endtlich in Truck gefertiget worden. Aber es volget nicht darauß/ daß der will

Gottes/

Bäpstischen Gegenwurff.

Gottes / so in heiliger Schrifft verfasset ist worden / solt erst der Kirchen nachgefolgt haben. Dann Gottes wesen vñ willen/so der Kirchen weit zuuor geht/ der ist in H. Schrifft auffgezeichnet. Darumb so solten sie sprechē/die Kirch were gewesen vor der Truckerey/vnd nicht vor der gantzen H. Schrifft/dariñ nicht allein die materia der Schrifft/ sonder auch der eröffnete will Gottes begriffen.

5. Wann Gott noch zur zeit mit den Menschen selbst redete / vnd durch sichtigliche Zeichen sein willen eröffnete/wie im alten Testament / da er mit Adam vnnd Eua/mit Cain vnnd dem Abel/auch andern gehandelt hat / so möchten jre einred ein schein haben. Aber weil solches nicht dermassen geschicht/ so heißt es Johann. 5. Erforschet die Schrifft/dann die ists/so von mir zeuget. Item Paulus schreibt an Timotheum: Weil du von Kindheit auff die heilige Schrifft weist/kan dich dieselbig vnderweisen zur seligkeit / durch den Glauben an Christum Jesum/ dann alle Schrifft von Gott eingeben / ist nutz zur Lehr/zur straff/zur besserung/zur züchtigung in der Gerechtigkeit/daß ein Mensch Gottes sey volkommen/zu allen gütten wercken geschickt.

XXVIII. Gegenwurff.

Wann ein Papist wolte abfallen von seiner Lehr / wie muß er sich halten / dann da befinden sich Zwinglische / Schwenckfeldische/ Lutherische/ Widertäuffer/ vnd andere Rot-

Widerlegung der

re Rotten vnd Secten/ die rhümen sich alle der warheit/ vnnd ein jede gebraucht sich Gottes Wort/ zů wölcher Sect můst er tretten?

I. Antwort.

Wann ein Papist will von seinem Glauben abweichen/ so ist vonnötten/ daß er zuuor auß Gottes Wort hab lehrnen erkennen/ daß im Bapstumb grewliche Abgötterey/ zweiffel vnnd betrug getriben werde. Daher er gedencke seiner Seelen heil vnnd seligkeit zusůchen/ den Zorn Gottes/ so über die Abgötterey entzündet/ von jm abzuleinen/ vnnd bey der reinen Lehr des Euangelions/ beständigen trost zubekommen.

2. Da gehört nun darzů ein ernstliches Gebett/ vnnd fleissige erforschung/ wölche parth/ dem Wort Gottes/ so in H. Schrifft begriffen/ gmäser Lehre/ vnd den rechten Grund hab der Propheten vnnd Aposteln/ Ephes. 4.

3. Es soll einer die fürnembste stuck seines Christenthumbs ergreiffen/ als da ist das Gebett/ das Christus gelehrt hat/ die 10. Gebott/ die 12. Artickul des Glaubens/ vnnd beide Sacrament/ des Tauffs vnd Abendtmals Christi. Vnd dardurch probieren/ wölche recht oder vnrecht haben/ daṅ in den worten der einsatzung Christi Abendtmals/ wůrdt er bald mercken den Zwinglischen jrthum/ daß Christus verheist sein Leib vnd Blůt zugeben. In den worten der Tauff/ wůrdt er der Widertäuffer falsche Lehr ergreiffen/

Bäpstischen Gegenwürff.

greiffen/dañ Christus sagt: Tauffet alle völcker/ʒc. darin auch die Kinder begriffen. Jtē der Schwēckfelder jrthumb/da sie laugnen/ daß Christus durchs Wort vñ Sacrament thettig sey / oder durch mittel den Glaubē gebe/das werden die Wort der einsatzūg beider Sacramēt vmstossen/darzū dz die Schwēckfelder weitter lehren / Der Mensch werd durch den Glauben vnd gütte werck gerechtfertiget/ widerlegt der Artickul des Christlichen Glaubens: Jch glaub ein vergebung der Sünd/ʒc. Wann einer nur den Kindtlichen anfang hat/ so würdt er durch Gottes Wort je lenger vñ mehr diser vnd anderer jrthumb halben/vnderwisen werden / vnd hergegen den Lutherischen Grund/ so auff Christi Wort/ vnd auff die fünff fürneme stuck des Christenthumbs gesetzt/ recht fassen.

4. Aber da müß ein Christ sich nicht die eusserlichen Ceremonien/hüpschen schein/ansehen der Person/ glück oder vnglück/ grossen anhang/so bey der falschen Kirchen auch erfunden mag werden/ vernünfftige vrsachen / oder was deßgleichen mehr ist/ erstlich bewegē lassen/sonder allein den Grund Göttliches Worts/ wann man die heilige Schrifft fleissig erforschet. Die duncKle Sprüch/ durch die kläreren Sprüch fein erörteret/ vnnd den verstand der Artickul des Glaubens auß dem Wort Gottes hernimpt/ auch nicht ein meinung zuuor erdenckt/vnnd dieselbige in das Wort hinein bringt/ vnnd mit erzwungenen Sprüchen der Schrifft / wöllen beschönen/ auch die vernunfft keins wegs nicht lassen regieren/sonder sie dem Wort dienstbar machen.

V 2   Damit

5. Damit nun aber ein jeder solches desto füglicher künde verrichten/ vnnd ein richtigen weg darzü hette/ so ist beschriben die Augspurgerische Confession/ so im 30. Jar Keiser Carolo dem V. hochloblicher gedechtnuß/ von den Euangelischen Stenden ist fürgetragen/vnd in Religions friden hernach ist eingeleibt worden/wölche die jrrigen Parthen vnnd Secten zuerkennen gibt/vnd ein bestendigen Grund weiset/darauff sich ein solcher Christ/ so der warheit nachjagt/kan vestiglich verlassen/vnnd seines Christenthumbs gewiß werden.

6. Dann wie zur zeit in der Statt Nicæa / von dem Christlichen Keiser Constantino (als Euseb. lib. 2. in vita Constantini/neben andern Historischreibern bezeugt) auch ein Synodus war angestelt/ vnd die gelehrte Leut zusamen berüffen/dardurch erfolgete ein feine bekanntnuß/ so auß Gottes Wort beschriben ward/damit alle andere jrrigen Opinionen vnd Secten möchten abgeschafft/ oder auff das wenigst/ den Christen zufliehen/ bekannt werden. Also hat es auch ein gleiche meinung mit der Augspurgerischen Confession/wölche auß trib Christlicher Ständ vnd Potentaten von den Theologis ist gestelt/ vnnd auß Gottes Wort berhatschlagt worden/ darinn von allen Articeln des Glaubes/ein grundtlicher bescheid wirdt gegeben/darauß ein jeder andere Secten kan lehrnen fliehen/vnd mit füg meiden.

7. Derhalben/dieweil die Papisten selber bekennen müssen/daß die Augspurgerische Confession von fürnembsten Euangelischen Stenden vnnd Theologis sey ratificiert/vnnd durch die Key. May. auch in

Reli-

Jesuiter Gegenwurff.

Religionsfriden eingeschlossen worden. So bedarff es nicht vil fragens/zů wölcher parth man sich halten solle/wann man vom grewlichen Bapstumb abfallen will. Es gibts der Grund heiliges Göttliches Worts/die wolgegründte bestehtigung Euangelischer Personen/hohes vnd nidersStands in Teutscher Nation/vnd andere vmbständ/so zuerzölen vnnöttig seind/daß man sich zů obernanter Confession halten solle.

XXIX. Gegenwurff.

Was schreiet ihr vil von der Augspurgerische Confession/so von einer persen/Philippus Melanchthon genannt/ist gestelt/vnd hernach verfelscht worden/vnnd berüfen sich die Zwinglische/als die zů Heydelberg/gleich als wol darauff/als jhr Lutherischen/was solle man dann daruon halten?

I. Antwort.

Wiewol Philippus Melanchthon/seliger gedechtnuß/die Artickul der Confession/hat in ein ordnung gebracht/so seind sie doch durch jn allein nicht gestelt worden/sonder von gelehrtē Theologis/auß dem reinen vngefelschten Wort Gottes bedacht vñ berhatschlaget/ auch vom Luthero seliger übersehen vnd examiniert worden/welcher alsdann den Chur vnd Fürsten solches fürgehalten/darüber

D 3   sie auch

sie auch bewegt worden/ Land vnnd Leut ehe in die
eussersten gefahr zusetzen/ dann von Gott vnnd sei=
nem Wort/ so in solcher Confession begriffen/ zuwei=
chen/ damit sie jhnen selbst/ vnnd jhren vnderthonen
zur Seelen heil vnd seligkeit behülfflich vñ rechtlich
sein möchten.

2. Das aber hernach dise Confession solle verfel=
schet worden sein/ darüber die Papisten sich haben
zubeklagen/ befindt sich in der warheit nicht. Dann
je noch die ersten Exemplar/ so im 31. jar rein vnnd
vnverfelschet getrucket/ nicht allein verhanden/ son=
der auch vnuerendert nachgetruckt seind worden.
Daß also gantz vnnd gar kein mangel an solchen
Exemplaren der Augspurgerischen Confession er=
funden würdt.

3. Damit aber solches in keinen zweiffel werde
gesetzt/ so haben etliche Euangelische Fürsten vnnd
Gesandten/ im 61. jar zu Naumburg die Exemplar
collacioniert/ damit man der Confession/ so im 30.
jar/ Keyser Carolo/ hochloblicher gedechtnuß/ ist
überantwortet worden/ als vngefelschet/ vnnd dem
ersten Original gleichförmig/ möchte vergwisset
werden.

4. Es hat wol Philippus Melanchthon seliger/ in
einem nachtruck zu Witteberg/ weitläufferige erklä=
rüg hinzugethon/ wölches etlichẽ Theologis bedenck=
lich gewesen. Aber er hat darumb den andern getru=
ckten Confessionen nichts entnommen/ vnnd ist in
corpore doctrinæ Vvittebergensium/ außtruckenlich
gesetzet vnnd vnderschieden/ was in offternannter
Confession/ vom Philippo Melanchthone seliger/ mit
mehr

Bāpstischen Gegenwurff.

mehr worten erkläret sey worden/ damit solcher zusatz Philippi Melanchthonis seliger/ meniglich vnuerborgen were.

5. Was aber belangt die Zwinglianer/ wölche sich auch der Augspurgerischen Confession wöllen anmassen/ darff nicht vil widerlegens. Dann sie in dreissig jaren/ vnnd zu andern zeitten nimmermehr sich darzu haben wöllen bekennen/ sonder besondere bekanntnuß der Keyserlichen Maiestet vberantwortet/ darbey sie noch bleiben/ vnnd seind allezeit die Theologi der Augspurgerischen Confession/ mit jnen/biß auff die heuttige stund deßhalben strittig gewesen.

6. Daß aber etliche Zwinglische sich haben wöllen beruffen zu der Augspurgerischen Confession/ ist allein bescheben / damit sie dem Religionsfriden möchten eingeleibt werden. Darzu sie haben fürgeben/ als wann Philippus Melanchthon seliger/ so die Confession anfenglich gestelt/ were jhrer meinung gewesen/ derhalben auch die Confession nach des Authoris meinung solte verstanden werden. So doch Philippus Melanchthon/ zur zeit/ als die Confession von jhm beschriben ist worden/ den Zwinglischen auch in offentlichen Schrifften/ neben Herren D. Martino Luthero seliger/zuwider ist gewesen. Vnd nicht allein die Confession für sich selbst gemacht / sonder mit den Theologis / so sich von Zwinglischen neben jhm abgesündert/ daruon conferiert/vñ jrem Rhat vnd vrtheil solche sein Schrifft vnderworffen / wölche Bekanntnuß auch durch

dis

Widerlegung der

die Lutherischen Theologen/auß Gottes Wort examiniert vnnd ratificiert/auch durch die Euangelische Fürsten vnd Ständ des Reichs/subscribiert/vnd in offentlicher Reichsuersamlung fürtragē ist wordē.

7. Derhalben ist es ein lauterer mutwill der Papisten/daß sie begeren wider jhr eigen Gewissen/die Lutherischen mit falscher aufflag zubeschweren/vñ mit zůfelligen sachē/die der Teüffel wider die Kirch erweckt/den Grund der Warheit vmbstossen/so sie doch solten mit vns auß den fürnemsten stucken des Christenthumbs handeln/vnnd Gottes Wort an die hand nemen/dardurch vns der jrrthumb überzeugen/ wölches/Gott hab lob/mit grund der Warheit bißher nicht beschehen ist/vnnd in alle Ewigkeit nicht erfolgen würdt.

XXX. Gegenwurff.

Ich möcht wol wissen/was die Lutherischen vom Aydtschwůr hielten/dieweil sie sich wegeren/bey Gott vnd allen Heiligen zuschweren. Es dunckt mich jmmerdar/es stecke noch ein Gartenbrüderischer Geist in jhnen.

I. Antwort.

Wiewol vil gelehrter Leut vnser Religion/von dem Aydschwůr geschriben haben/vnnd der Gartenbrüder/oder Widertäuffer meinung widerlegt/wölche gantz vnnd gar kein Aydschwůr zůlassen.

Bäpstischen Gegenwürff.

zůlassen. So kan doch vnsern Widersachern nicht gnůg geschehen/sie suchen stebtigs widerumb vrsach zuschenden vnd schmehen/von wölches wegen sie ein mal schwere rechenschafft am Jüngstentag müssen thůn. Will jnen derhalben zum überfluß/ein kurtzen/vnnd doch gründtlichen bericht/vom Aydschwůr geben.

2. Erstlich müssen wir bedencken/was der Aydschwůr an jhm selbst sey/namlich ein ernstliche bekanntnuß einer gewissen sach/vnd hertzliche anrůffung des Allmechtigen Gottes/daß er als ein hertzerkundiger/allwissender vnnd warhafftiger Herr/wölle in gegenwertigen sachen ein beystand thůn/vñ der Warheit zeugnuß geben/den Gerechten schützen/vnd hergegen den vngerechten straffen. [I.]

3. Diser Aydschwůr rechtmessig gethon/gelangt erstlich zur Ehr Gottes/in dem man durch die anrůffung/Gott als ein Allmechtigen vnd warhafftigen Herren preiset. Zum andern/so befürdert er die Warheit/vnnd dienet vns oder vnserm nechsten zů guttem. Zum dritten/so legt er den streit hernider/damit die Oberkeit vnd vnderthonen/der strittigen sachen halben/zufriden sein mögen/wie die Epistel zů den Hebreern im 6. capittel bezeugt: Der Ayd machet ein end alles haders.

4. Solchen rechtmessigen Aydschwůr/im fahl der not zuthůn/billichen die Geistlichen vnd Weltlichen recht. Erstlich gebeut Gott bey seim Namen zuschweren/Deut. 6. Du solt Gott fürchten/jm soltu dienen/vnd bey seinem Namen schweren.

5. Zum andern/so haben die heilige alte Vätter/ [II.]

K   zur

zur not jre sachen mit dem Aydschwůr bedeuret/ als Abraham/Genes.21.Isaac/Genes.25.Jacob/Genes. 31. Wie solches auch Paulus in seinen Episteln offtermals thůt / 2.Corinth.2. Ich růffe Gott an zum zeugen/ıc.

III. 6. Zum dritten/haben die Propheten geweissagt/ das volck Gottes werde bey seim Namen schweren. Wie Ieremiæ im 12.cap.zusehen ist.

IIII. 7. Zum vierdten/ist solches Iuramentum auch in Weltlichem Rechten gegründet / wölche recht/so sie nicht wider Gottes Wort / vnd dem Gesetz der Natur streitten/Gott gefellig seind.

8. Hierauß schleuß ich/daß der Spruch Matth. 5.vil anderst zuuerstehn sey/in wölchẽ Christus verbeut zuschweren/vñ will/daß man schlecht Ja / vnd Nein sagen/vnd darbey bleiben solle. Dann hierinn redet Christus vom freuenlichen schwerẽ/so über geringe vnd vnnöttige sachen beschicht/wölche mit einem Ja oder Nein/kůnden außgericht werden.

I. 9. Die Oberkeit aber/so den Aydschwůr den vnderthonen fůrhelt/solle bedencken/zum erstẽ/daß der Aydschwůr allein in Gottes Namen beschehe/vnnd nicht die Creaturen als nebenzeugen vnd helffer hinzůgesetzt werdẽ/dieweil Gott die warheit zuschůtzen gnůgsam ist/vnnd nicht haben will/daß sein Ehr einer Creatur/wie heilig sie jmer seind / mag zůgelegt werden/Esa.42.

II. Zum andern/solle man vmb einer jeden schlechten vrsach wegen/den Aydschwůr von den vnderthonen nicht erfordern / durch wölche leichtfertigkeit der Nam vnd Maiestet Gottes verunehret/ vñ verkleinert

Bäpstischen Gegenwürff. 163

nert wirdt/ auch der Aydschwůr sein ansehen verleurt/vnnd die schwerende Personen/ solches für ein geringe vnd schlechte sach halten.

11. Zum dritten/ gebürt es sich nicht/ daß man III. leichtfertigen vnd liederlichen Personē/bey wölchen zuuermütten ist/sie werden fälschlich schweren / den Ayd leichtlich auffgebe/damit der Nam Gottes nit verunehret/auch solchē Personē nicht zů einer schweren Sünd geholffen werde.

12. Zum vierdtē/solle man niemandt in vnmüg- IIII. lichen sachen zum Ayd treiben.

13. Wölche aber zů einem Ayd getriben werden/ die sollen auch hergegen fleissig betrachtē. Erstlich/ I. daß sie solchen Ayd nicht schweren/ sie seien dann in jrem Gwissen versichert/daß sie der sachen recht haben. Dann wölche vnrecht schweren/ die mißbrauchen sich des Namen Gottes / als eines Deckels der vnwarheit. Sie růffen Gott an/er wölle die vnwarheit helffen vertheidigen/vñ die vnschuldige straffen. Sie fůren mit einer verlognen Zungen vnd Mund/ den heiligen Namen Gottes / auch betriegen sie die Obrigkeit/geben vrsach zů eim falschen vrtheil/ vnd bringen jren Nechsten wider recht vnnd billigkeit in gefahr. Daher die Straff Gottes volget/wie der Prophet Zacharias im 5.cap sagt: Der fluch soll jr hauß verzeren.

14. Zum andern/ sollen sie den Aydschwůr thůn II. mit ernst/vñ warer Gottsforcht/nicht leichtfertig/ in bedencken/ daß der Nam Gottes hierinn angerůfft wirdt.

15. Zum dritten/gebürt es jhnen/als Christen/in III.

X 2 keim

keim andern Namen zuschweren/als in dem Namen Gottes/nicht in frembder Götter namen/Hierem. 12. Noch in der lieben Heiligen/oder anderer Creaturen namen/wie in dem Bapstumb gebreuchlich/da man in Gottes vnd der lieben Heiligen Namen beeydiget würdt. Wölches auß nachfolgenden vrsachen für vnrecht vnd sündtlich solle erkannt werden.

I. 16. Erstlich/dieweil Gott in seim/vnnd nicht in einiger Creaturen Namen zuschweren gebeut/Deut.6. Amos 8.cap. Daher der Prophet Jeremias im 5.capittel klagt/vnnd spricht: Sie schweren bey dem/der nicht Gott ist. Daruon mag man auch Chrysost. über das 5.cap. Matth. lesen/wölcher beweret/daß alle Creaturen/darbey man schwere/zü einem Gott gemacht/vnd derwegen ein grewliche Abgötterey hiemit getriben werde. Daher haben die heiligen Engel/auch andere lieben Heiligen/bey Gott allein geschworn. Genes.24. spricht Abraham zü seinem knecht: Schwere bey dem Herrn/dem Gott Himels vnd der Erden. Item Apoc.10. schweret der Engel bey dem lebendigen Gott. Wann wir nun die lieben Engel Gottes/vnnd andere Heiligen ehren wöllen/so sollen wir jrer Lehr vnd Gottseligem leben nachfolgen/sie nicht mitt Göttlicher Ehre verehren/wölches jhnen auffs höchst zuwider ist. Also haben auch die Märterer vor zeiten/nicht wöllen schweren bey der Heyden Götter/anzeigende/daß sie nicht Gott seien/Euseb.lib.5.cap.3. Item Polycarpus will nicht schweren bey des Keysers glück/lib.15.cap.4.

II. 17. Zü dem andern/weil Gott der Allmechtig die wesentliche Warheit ist/vnnd nicht bedarff der lieben

Jesuiter Gegenwürff.

lieben Heiligen beystand/vnd behülff/ so gebürt vns nicht/ daß wir im Aydschwůr die lieben Heiligen/ Gott dem Herren zůgeben / als ob vns Gott nicht gnůgsamlich helffen kůnde / auch zur warheit kein gnůgsamer zeug were.

18. Zů dem dritten/ so sagt der Herr im Prophe- III. ten Esaia cap.42. Er sey allein Gott/ vnd wölle sein Ehr keim andern geben. Weil nun im Aydschwůr die anrůffung zů einer vnsichtbarn/ Allmechtigen/ vnnd allwissenden Person erfordert wůrdt/ wölche ein besondere Ehr Gottes ist/ wie wir im 49. Psalmen haben / da er spricht: Růff mich an in der not/ so will ich dich erretten. Itē Christus sagt zum Sathan: Es stehet geschriben: Du solt Gott anrůffen/ vnd jhm allein dienen. Die lieben Heiligen haben in diser Welt nicht wöllen zůlassen/ daß man jnē Göttliche ehr anlege/ wie wir lesen Act.14. Wir seind Menschen wie jhr/ ꝛc. Ja auch der Engel Apocal.19. will nicht der gestalt geehret sein/ sonder zeigt an: Er sey ein dienstbarer Geist/ man solle nicht jn/ sonder Gott den Herrn anrůffen. Derwegen sollen wir nicht in der lieben Heiligen/ sonder allein in Gottes Namen schweren.

19. Zů dem vierdten/ wissen wir/ daß die Christli- IIII. che anrůffung/ der vnsichtbarn Person/ so angerůfft wůrdt/ die Allmechtigkeit/ allwissenheit/ erforschůg der Hertzen/ vnnd warhafftige gegenwertigkeit zů gelegt. Nun kůnden aber dise eigenschafftē/ wie Gottes Wort bezeuget/ keinen Heiligen in der warheit zů gegeben werdē/ sonder allein Gott/ darumm man auch dē namē Gottes im Aydschwůr allein anrůffen soll.

K 3 Zuletst/

V. 20. Zuletst/schreibt Paulus in der Epistel zů den Röm. am 10.cap. daß man allein den anruffen solle/ in wölchen man glaubet. Nun aber glauben wir allein in Gott Vatter/Son/vnnd heiligen Geist/ wie die Artickul des Christlichen Glaubens bezeugen. Daher gnůgsam bekannt ist/daß Gott der Allmechtig/in wölchem wir vnser hertz vñ vertrawen setzen/ auch allein im Aydschwůr anzuruffen sey. Wa man aber auch hierin̄ die gezeugnuß der alten Vätter haben wolte/mag man Hieronymum, Chrysostomum, vnnd andere/ über das 5. capittel Matthæi lesen/die der sachen gůtten bericht geben/vnnd mit vns übereinstimmen.

21. Daß aber in der heiligen Schrifft etlich mal sich befindet/da die lieben Patriarchen/Propheten/ oder andere/ bey den Creaturen ein sach betheuren vnd bestehtigen / als Eliseus bey dem leben Gottes/ vnd der Seel Elie schweret/2. Regum 2. so ist es doch nicht ein Aydsbetheurung/darinn sie die Creaturn/ als gehülffen/schutz vñ schirmer der warheit anruffeten. Dann es ist vil ein anders/ wann mir von der Oberkeit ein Ayd auffgelegt wirdt/ darinn ich bitt vnnd anruffe Gott vnnd alle Heiligen/mich bey der warheit zuschützen/vnd ein anders/wann ich etwas durch mich selbst williglich bestehtige/ als wann ich sagte/als war ich an disem ort stehe/ oder lebe / so ist dem also/ꝛc.

22. Jacob schweret bey der forcht seines vatters Isaac/Genes. 31. Darmit begreifft er Gott selber/ dañ er schweret bey dem/wölchẽ sein vatter gefürchtet hat (vt Chaldaica paraphrasis refert) wie auch der

Prophet

Bäpstischen Gegenwürff.

Prophet Esaias am 8. meldet: Heiliget den Herren Zebaoth/ den lasset ewer forcht vnnd schrecken sein. Deßgleichen schweret Joseph wol bey dem leben Pharaonis/ aber es ist jhm nicht ernst/ darumb er auch keines rechten Aydschwůrs sich gebraucht/ er will hiemit sich erzeigen/ als wann er ein Egyptischer mann were.

23. Zuletst/zimmet es sich/daß/die ein Aydschweren/ auch denselben mit der that bestetigen vnd halten/ damit sie nicht durch den Aydbruch/ Gottes Namen verunehren/ die ordenliche Oberkeit verachten/ jr Ehr vnd gfier vergessen/ vñ in schwere straff Gottes vnd der Oberkeit fallen.

24. Wa sichs aber zůtrieg / daß ein Person einen vngebürlichen Ayd/ so Gottes Gebott zuwider/ gethon hette/ der solle Gott den Allmechtigen ernstlich vmb verzeihung bitten/ warhafftige büß thůn / vnd solchen vnbillichen Ayd nicht halten/ dañ man můß da Gott fürnemlich gehorsam leisten. Hierzů helffen auch die Weltliche Recht/ wölche fürgebē/ der Aydschwůr sey nicht ein verhefftung in vngerechten sachen. Iuramentum non est vinculum iniquitatis. Item Canonistæ: In promissis, quæ sine peccato præstari non possunt, pacta sunt rescindenda.

25. Hierauß kan man erkeñen/ daß wir der Gartenbrüder/ oder Widertäuffer jrthumb nicht bestettigen / sonderlich weil bey allen Euangelischen Gerichten/ solcher Aydschwůr zur not im gebrauch ist. Aber wir widerfechten den Aydschwůr/ der Abgötterey mit sich bringt/ vnnd wider Gottes Wort strebet/ wie solchs bey den Papistē gebreuchlich/ da man

VI.

můß

Widerlegung der

muß Gott dem Allmechtigen die lieben Heiligen/wi
der jr Lehr vnd willen/ an die seitten setzen/ vnnd sie
Gott gleich machen/ wölches kein Christ mit gütem Gewissen thůn kan.

XXXI.

Ein kurtzer vnnd Christenlicher bericht/
warumb ein Lay das Hochwürdige Sacrament des Altars/ zů allen zeiten vnder
beiden Gestalten begeren vnnd empfahen
solle/ sampt widerlegung etlicher Gegenwürff.

Nach dem vnsere Widersächer/ die Papisten/
mit grossem ernst vnnd gewalt wöllen erhalten/ daß den Layen das Hochwürdige Sacrament des Leybs vnnd Bluts Christi vnder einer
Gestalt allein solle gereicht werden. So ist wol von
nötten/ daß wir betrachten den eröffneten willen
Gottes/ so er in der einsatzung des H. Sacraments/
vns hat klärlich vermeldet/ auff das wir also nicht
allein der übergebnen gütter halben / vergwisset
werden/ sonder auch der ordnung vnd mittel / durch
wölche er/ als vnser einiger Heyland/ dise Gabē vns
zuschencken beschlossen hab. Derhalbē sollen wir anschawen vnd fleissig erwegen/ das Wort des Herrn/
durch wölche er diß Sacrament gestifftet hat/ so befinden wir außtruckenlich/ daß er beide Gestalt/ als
mit dem Brot sein Leib/ vnnd mit dem Kelch sein
Blůt

Bäpstischen Gegenwurff.

Blůt zuempfahen/befolhen hat. Vñ wirdt dise ordnung/ in der Christlichen Kirchē freien willen nicht gestellt/dieselbige zumehren vnnd zumindern/sonder die wort bringen mit sich ernstliche Gebott: Accipite, comedite, bibite, hoc facite, &c. Das ist: Nemet/ esset/trincket/vnnd thůt das zů meiner gedechtnuß. Vnd wie Christus befelch gibt seinen Leib zuempfahē mit dem Brot/also will er auch/daß wir gleicherweiß (ὡσαύτως, ut Lucas habet) sollen mit dem Kelch sein Blůt trincken.Vnnd darmit wir erkennen/daß er also auch den Kelch besonderlich zur übergab des Blůts Christi hab meniglichem zů gůttem verordnet/setzet er hinzů/als er den Kelch nam/ vñ gab zu trincken: Das ist mein Blůt des newen Testamēts/ wölches für euch vergossen wirdt/ zur vergebůg der Sünden/solches thůt zů meiner gedechtnuß. Dann er auch den nutz vñ frucht der übergab des Kelchs/ will sunderbar melden/ auff daß wir dester fleissiger seiner ordnung volgē. Darzů wissen wir/daß die Testament seind ein erklärung des letsten willens/ vnd ein sicherer Sententz über das jenige/ so der Testator auß freiem gewalt vnd willen ordnet/vnd gebürt keinem Menschen solche geschefft zuendern/ Galat. 3. Nun befindt sich/ daß Christus den Kelch nennet das newe Testament in seinem Blůt. Darinn angezeigt wirdt/ daß Christus der Testator sey/ wölcher macht hab seine güter zuuermachen/wem vnnd wie er will. Das Instrument ist die einsatzung vnd ordnung/ da gemeldt wirdt: Vnnd er nam das Brot/ dancket vnd sprach:Nemet/esset/das ist mein Leib/ der für euch gegeben wirdt/ das thůt zů meiner gedechtnuß.

y

dechtnuß. Deſſelbengleichen nam er auch den Kelch/ nach dem Abendtmal/vnd ſprach: Nemet/ trincket alle darauß/ das iſt mein Blůt/ des newen Teſtaments/ wölches vergoſſen würdt/für vil/ zů verzeihung der Sünden/ ſolches thůt/ ſo offt jrs trincket/ zů meiner gedechnuß. Die zeügē ſeind die lieben Apoſtel Act.1. Jr werdet meine zeügen ſein/ꝛc. Vnd iſt alſo das Teſtament beſtehtiget/ vnd von dem Herren Chriſto niemals caſſiert/ oder widerrůffen worden. Derhalben die Chriſtliche Kirch billich als die Erben/ ſolches nicht ſollen vmbſtoſſen/ ſonder mit groſſen frewden vnd danckbarkeit/ ſich ſolches/ nach innhalt des letſten willens/ gebꝛauchen.

Deſſen gibt vns auch der H. Apoſtel Paulus gewaltige zeügnuß/ da er der Chriſtlichen Gemein zů Corintho/ den befelch vnd letſten willen eröffnet/ vnd zeigt an/ auff was weiß ſie das heilig Sacrament ſollen gebꝛauchen/ ſonderlich aber beſtehtiget er die beide Geſtalt im Nachtmal/ vnd ſpꝛicht: Das Bꝛot iſt die gemeinſchafft des Leibs Chriſti/ vnd der Kelch die gemeinſchafft des Blůts Chriſti/ vnd zeigt darneben klärlich an/ wie daß ſolche Ordnung vnd Satzūg/ wölche er von Chriſto empfangen/ ſolle weren biß auff die zůkunfft des Herren/ wie er dann meldet 1. Cor.11. So offt jr von diſem Bꝛot eſſet/ vnd von diſem Kelch trincket/ ſolt jr den Todt des Herren verkündigen/ biß daß er kompt. Auß diſem bedencken hat die Kirch in Aſia, Græcia, Armenia, Italia/ vñ andern vil ort/ die beide Geſtalt/ zum theil biß auff das Coſtnitzer Concilium/ ſo vor 157. jaren gehalten/ zum theil biß auff die jetzige zeit im bꝛauch gehabt.

Darzů

Bäpstischen Gegenwürff.

Darzů bekennen sie auch/die alten Vätter/ deren ich wenig will anziehē/den Papisten zugefallen/wölche stehtigs schreien/Patres, Patres/vnd doch den rechten Schrifften der altē Vätter/so mit Gottes Wort übereinstimmen/zum wenigsten volgen. Cyprianus in 2.Epist.ad Cornel.Pont. Quomodo ad martyrij poculum idoneos facimus, &c. Wie künden wir sie geschickt machen zum Kelch der marter / so wir nicht zuuor lassen trincken in der Gemein / den Kelch des Herrn/wie sichs gebürt im Sacramēt: Also schreibt er auch daruō 2.lib.3.Epist.da er will/man solle Gottes Satzungen durch menschliche Tradition / nicht lassen verendert werden. Dergleichen schreibt auch Ambros. über die erst Epistel an die Corinthier/des 11.capittels/mit disen volgenden worten: Das Testamēt des Herrn ist mit seim Blůt bestehtiget/in wölches vorbild wir empfahen den Geistlichen Kelch des Blůts/zur beschirmung vnserer Seelen/dañ das Fleisch vnsers Seligmachers/ist zur seligkeit vnsers Leibs/vnd das Blůt zur seligkeit vnserer Seel vergossen. Vnd dessen finden wir ein fein Exempel in Hist.Tripar.lib.9.ca.30. da Ambrosius also zum Keyser Theodosio spricht: Wie? wiltu mit disen händen empfahen den heiligen Leib des Herren? Mit was freiheit wiltu in deinen Mund nemen / das Trinckgschirr des köstlichē Blůts/dieweil durch dein Wort souil vnschuldiges Blůt ist vergossen worden? Diser beider Gestalt thůt auch Hieron. meldung/ über das 3.cap. Soph: Sacerdotes, inquit, qui Eucharistiæ seruiūt, & sanguinem populis diuidunt,&c. Also lassen jhnen auch gefallen den gebrauch des Kelchs / Gratianus,

Y 2   Albertus

Widerlegung der
Albertus M. de officio Missæ. Magister Sententiarum.
Wölcher darff schreiben / wann man es vnder einer
Gestalt gebe/ so diene es allein zubeschirmung eines/
das ist/ eintweder des Leibs/ oder der Seelen. Der»
wegen man beide theil des Sacraments solle empfa=
hen. Bapst Leo 1. in sermone Quadrages. 4. klagt die
Manicheer als Ketzer an/ vnd spricht: Daß sie den
Leib Christi empfangen haben/ vnnd seien heimlich
vnder dem volck für den Kelch fürüber geschlichen/
vnnd sich desselbigen nicht gebraucht / weil sie auß
Aberglauben kein wein getruncken / vnnd darneben
nicht haben wöllen erkannt werden / das nennet er
Diebische heuchlerey vnd betriegligkeit.

Item Gelasius der Bapst / heist die halbierung
des Sacraments ein Kirchendiebstal / De consecr.
Dist. 2. Can. Cōperimus, &c. Darbey mag man auch
die Glossam lesen/ vnd ob man schon wolte die Rubri=
cam verwerffen/ vnd den Canonem auff die Priester
schieben/ so leidts doch die Gloß vnnd der Canon an
jm selbst nicht. Neben dem / daß die Rechtsgelehrtē
lengst die Rubricam decretorum/ als falsch verworf=
fen haben. Also ist auch wider die Papisten der Ca=
non Iulij Pont. de Consec. dist. 2. Da er will/ daß man
sonderlich des Brots/ vnd sonderlich des Weins soll
gebrauchen. Man mag auch lesen 11. Synodi Toleta=
næ. Can. Vndecim. Item Beatum Rhenanum in anno=
tationibus super librum Tertull. de corona militis. Vnd
wann ich jhm lang nachdenck / so muß ich mich ver=
wundern / vnnd die Papisten fragen/ wie es zügehe/
daß sie im Bapstumb consecrieren zwo Gestalten/
vnd sprechen nach den worten Christi: Accipite, comedite,

Bäpstischen Gegenwürff.

medite, accipite, bibite: vnd doch darnach eintweder den vmbherknienden Personē merertheil gar nichts/ oder aber zuweil nur ein Gestalt mittheilen: wie doch die consecratio vñ die niessung miteinander überein stimme. Sie consecrieren beide Gestalten/ vnnd betten gleich darauff in jhrer stillmeß also: Daß nicht allein sie (als die Priester) sonder auch alle/ so von der Gemeinschafft des Altars/ empfahen werden/ den allerheiligsten Leib vnd Blüt seines Sons/ mit allen Himlischen vnd Geistlichen segen/ erfüllet mögen werden. Hiemit bekennen sie täglich/ sie wöllen nicht allein selbst essen vnd trincken vnder beiden Gestalten/ sonder auch andern/ das sie consecriert haben/ mittheilen/ vnd machen in disem Gebett kein vnderschied/ zwischen Priestern vnnd Layen/ aber wie sie es halten/ ist meniglich bekannt. Sie solten doch bedencken jhre eigne Regel/ der Ordensleut/ als der Cartheuser/ wölchen vnder andern verbotte würdt/ sie sollen nicht köstliche Geschirr in der Kirchen haben/ allein ein Silberen Kelch/ vnd ein Rörlin/ darauß die Layen das Blüt Christi mögen trincken/ ꝛc.

Solches befindt sich auch im Benedictiner Orden. Lege librum Signorum conuentus Benedict. Item lib. de veteribus thesauris Ecclesiæ Moguntinæ, &c.

Nach dem wir nun auß Gottes Wort/ vnnd andern bewerten vrsachen erhalten/ daß man diß Sacrament Christi/ vnder beider Gestalt solle gebrauchen/ so befindt sich dannoch/ daß vnsere Widersächer/ die Papisten/ wöllen recht haben/ vnd sich vnderstehn die eine Gestalt zuprobieren/ vnd zubeschönen/ wie hernach volgt.

Y 3 Erst-

Widerlegung der

1. Erstlich/dieweil das substantiale vnd fürnembst im Abendtmal/der ware Leib vñ Blůt Christi sey/ darumb man sich solle annemen/so begeren sie durch eine Gestalt den Layen dasselbig nicht zuentziehen/ sonder er hab vnder einer Gestalt souil/als der Priester vnder beiden. Dañ wem der Leib Christi geben werde/ der empfahe auch das Blůt Christi/ ja den gantzen Christū/ dann es gebür sich nicht Christum zůtheilen/1.Corinth.1. Die sollen vnsere Widersacher kürtzlich wissen/daß die Substantz des Nachtmals/ nicht allein sey der Leib vnd Blůt Christi/sunder es gehöt auch darzů Brot vnd Wein. Dann wie in der heiligen Tauff/ nicht allein die Gnad des heiligen Geists geben würdt/sonder auch das natürlich wasser/vnd geist/wie Christus sagt: Wer nicht auß wasser vnd Geist new geboren würdt/der kan nicht eingehn in das Reich Gottes: Also seind zweierley hie zů der Substantz des Nachtmals verordnet (wie Irenæus meldet) ein jrdisch/das ist/Brot vnd Wein/vñ ein himlisch/ das ist/der Leib vñ Blůt Christi. Soll nun das wesen des Sacraments erhalten werden/so müssen dise beide bemeldte stuck/sampt der forma des Sacraments/so in Worten Christi stehet/ nicht vnderlassen werden/wölches alsdañ erst ein recht Sacrament machet. Da aber dise forma Sacramenti würdt verendert/ da würdt auch das Sacrament an jhm selbst verkehrt/ vnd bleibt also nun ein wohn des Sacraments überig. Es ist je gewiß/daß in keines Menschen gewalt stehet / Sacramenta zur Seelen heil zůordne. So wils sich auch nicht gebüren/daß sie die Sacramenta/so von Gott gestifftet/ nach eigenem

wolge-

Bäpstischen Gegenwürff.

wolgefallen endern/daß es haben die eusserliche Element/Brot vnd Wein/das Wort des stiffters/darumb sie Sacramentische zeichen seind. Das Wort aber bringt mit sich nicht allein die übergab / sonder auch derselben form vnnd weiß. Wir laugnen nicht/ daß Christus vnzertheilt sey/vñ wer den Leib Christi empfahe/der empfahe den gantzen Christum/persönlich/aber nicht besonderer vnd Sacramentischer weiß. Theodoretus spricht: Christus hab nicht gsagt: Das ist mein Gottheit/ ıc. ob schon dieselbige nicht kan darvon geschieden werdē. Also hat er auch nicht gsagt: Das ist mein Leib vñ Blüt/oder gantze person/sonder vom Brot: Das ist mein Leib/vnd hernach vom Kelch: Das ist mein Blüt. Dann wie Innocentius 3. vnd darnach auch etliche Scholastici geschriben/so ist das Brot nur des Leibs Sacrament/ vnd der Wein nur des Blüts.

Ich möchte wol leide/daß die Papisten jren Lombardum leseten/wölcher auß dem Ambrosio disen gegenwurff also soluiert: Es habe Christus wöllen anzeigen/daß er Menschlich Seel vnd Leib hab angenomen/vnd darmit vnser Seel vnd Leib/ vom ewigen verderben erlöst. Dann das Fleisch Christi/diene zum heil des Leibs/aber sein Blüt/diene zum heil der Seel. Derwegen man nicht eins solle empfahen/ dardurch nur einerley nutz volgete / sonder beides.

Das bestehtiget Hugo de sancto Victore. Item Thomas de Aquino/ wölcher also schreibt: Wiewol der gantz Christus ist vnder einer jeden Gestalt/ so würdt er dasiech nicht vergebēs vnder beiden Gestalt

auß

außgetheilt. Dañ das ist der rechte gebrauch des Sacraments/ daß ein jedes werde besonder den Glaubigen außgetheilt. Der Leib Christi zur speiß/ vnnd das Blůt Christi zum tranck. Dañ der Leib würde für das Heil des Leibs/ vnd das Blůt für das Heil der Seel außgespendet.

Diß melde ich alles den Papisten zů gůttem / daß wir sonst allein auff die Wort der einsatzung Christi/ vnd erklärung des heiligen Apostels Pauli dringen/ der da spricht: Das Brot ist die gemeinschafft des Leibs/ vnnd der Kelch die gemeinschafft des Blůts Christi/ vnd darmit seind wir benůgt / schreiben andere daruon/ was sie wöllen.

Es hat Christus wol gewust/ daß kein Leib ohne Blůt ist/ aber dieweil er kein Natürliche/ sonder ein geheime vnnd Sacramentliche niessung hat wöllen verordnen/ wölche mehr mit Glauben/ dann mit der vernunfft begriffen würdt. So sagt er vom Brot/ Das ist mein Leib/ vnnd vom Kelch/ Das ist mein Blůt/ etc. Darüber die Apostel vnnd Gemein zů Corintho nicht disputieren / ob ein Leib ohn Blůt sey/ sonder gebrauchten sich diß Sacraments mit Glauben/ vnnd verliessen sich auff das Wort vnnd krafft Gottes.

II. Zů dem andern/ so geben sie für / die Kirch sey ein Grundfest der Warheit / vnnd werden geregiert von dem heiligen Geist. Derwegen jhre Satzungen nicht eins Menschensatzung/ sonder ein ordnung der Kirchen sey / vnd künden mit gůttem Gewissen sich niemandt solchem Consens der Kirchen zuwider setzen. Hierauff antworten wir/ es lig nicht am rhům
der

Jesuiter Gegenwurff.

der Kirchen/ so in worten steht / sonder an der that. Dann so man von der waren/ allgemeinen Christlichen Kirchen/ wölche bey der stim des Herrn bleibt/ Johann.10. redt / so müssen wir bekennen/ daß wir schuldig seien zugehorsamen. Dann sie ordnet nichts wider das Göttliche Wort/ vnnd pflegt den eröffneten willen vnd Satzung Gottes nicht zuendern/ thůt nichts darzů noch daruon. Dessen aber künden sich die Papisten nicht mit der warheit rhůmen/ daß sie stracks Gott vnd seinen Satzungen zuwider seind. Derwegen ein jeder Christ sich von jnen abwenden/ vnd zů seinem Herrn Christo vnd Wort begeben solle. Es heißt/ wie Paulus schreibt zun Galatern am 1. Wann ein Engel von Himel keme/ vnnd brechte ein andere Lehr (als die Lehr Christi vnnd der Aposteln ist) so soll er verflůcht sein. Item: Man můß Gott mehr gehorsamen/ dann dem Menschen. Es ist je die beraubung einer Gestalt wider Gottes Wort/ vñ die Lehr der lieben Apostel/ daher sie můß ein Menschensatzung sein/ daran Gott kein gefallen tregt. Vñ volgt keins wegs / Die Papistisch Kirch hat solches geordnet / derwegen ist es kein Menschensatzung/ es were dann sach / daß jhre Cardinäl vnnd Bischöff nicht Menschen/ sonder/ etc. weren. Darzů hat Christus seiner Kirchen / wölche ein kleines zerstrewets heufflin in der Welt ist/ den heiligen Geist verheissen/ aber er setzet hinzů/ Johann.14. Spiritus sanctus suggeret vobis quæ dixi / derselbig werde sie erinnern alles deß/ so von jm gesagt sey/ das ist/ er werde nichts newes sie vnderweisen / als/ von einer Gestalt des Nachtmals/ von Glockenteuffen/ Wallfarten' an-

Z ruffung

Widerlegung der
rüffung vnnd verehrung der Bilder/ ꝛc. sonder was
er sie gelehrt hab/ das wölle der heilig Geist jhnen
in frische gedechtnuß bringen/ vnd in jhnen bestettigen. Daher auch Christus seinen Jüngern befelch
gibt/ als er sie in die Welt außschicket: Gehet hin
in alle Welt/ vnd lehret sie halten/ was ich euch befolhen hab.

Damit aber vnsere Widersacher jhrer vermeinten Catholischen Kirchen ein Gwalt geben/ so mißbrauchen sie der Apostel Leht vnnd Exempel/ mi-
schen vnnd mengen die sachen/ so von Gott zur seligkeit geordnet/ vnder die eusserlichen/ vnd geben für/
die Kirch habe Gewalt zuordnen die Sacrament/
vnnd anders/ nach der Lehr Pauli/ 1. Corinth. 4. da
er schreibt: Also schetze vns jedermann als haußhalter vnd außspender der Geheimnussen Gottes. Diß
hab er auch mit der that bewisen/ 1. Cor. 7. da er also
schreibt: Von den jungfrawen hab ich kein Gebott
des Herren/ ich sag aber mein meinung/ ꝛc. Item:
Den andern sag ich/ nicht der Herr/ ꝛc.

Also haben die Apostel die Beschneidung nach-
gelassen/ wölcher sich Christus selbst vnderworffen.
Item/ die ordnung von reiner speiß haben sie geendert / Act. 15. vnnd angezeigt/ es habe also den Eltesten gefallen. Es haben auch die Apostel die Ordnung des Tauffs verendern dörffen/ als sie allein
auff den Namen Christi/ vñ nicht auff den Namen
der heiligen Treifältigkeit getaufft haben. Hierauff
müssen wir kürtzlich den Papisten antwortē/ damit
sie sich selber nicht für klůg halten.

Erstlich/ was den Spruch Pauli belangen thůt/
1. Cor.

Bäpstischen Gegenwürff.

1. Corinth. 4. Also solle man vns schetzen / als außspender der geheimnussen Gottes/ dardurch sie wöllen den vermeinten Gewalt der Kirchen vertheidin-
gen/vnd nach eignem willen/in ansehung etlicher natürlichen vrsachen / die Sacramenta außzuspenden/
Diß ist ein offentlicher betrug vnd verfelschung des
Spruchs Pauli. Dann die Kirch hat wol Gewalt
in Ceremonien vñ eusserlichen sachen / wölche zů befürderung der rechten Gottsdienst/ vñ Christi Satzungen dienstlich seind/zuordnen/aber nicht Gottes
ordnung zuendern. Nun ist der gebrauch beider Gestalt im Sacrament nicht res adiaphorica/ das ist/
ein mittelding / so man mag halten oder vnderlas-
sen/ sonder er hat das Gebott Christi/ zuessen vnnd
zutrincken den Leib vnnd das Blůt Christi. Vnnd
solle Christo in keinen weg zůgelegt werden/ als ob
er etwas der Kirchen hette geordnet/ wölches nicht
seinen besondern nutz mit sich brächte/ ja es gebürt
der Kirchen Gottes gantz vnnd gar nicht/ daß sie
Christo jrem Haupt/ordnung gebe/ sonder sie soll jm
vnderworffen sein. Augustinus schreibt contra Cres-
con. Grammaticum, libro secundo cap. 21. Die Geistliche Braut Christi / wölche in rechter trew vnnd
Liebe dem HERRN Christo/ als dem einigen
Breutigam anhangt/ läßt jhr alles gefallen/was jm
liebt/vnnd richt sich nach seinem willen. Sie solten
zwar jre eigne Canones bedencken / als im 25.q.1. da
wůrdt angezeigt/daß der Bapst in den sachen kůnde
ordnung geben / von wölchen durch die Propheten
vnd Euangelisten nichts sey geredt worden. Daß sie
aber den Spruch Pauli anziehen / nimpt mich sehr

Z 2   wunder/

Widerlegung der

wunder/weil er stracks wider sie ist. Dann Paulus will bekannt machen/daß sie diener seien/vnd nicht herscher über die geheimnuß Gottes/sie seien haußhalter über ein ander gůt/vnnd über die geheimnuß/ so weit übertreffen der Menschen vernunfft. Darumb setzt er gleich darauff: Das gebürt einem Diener/daß er getrew sey. Damit zeigt er an/daß ein Diener sich nicht eins eigenen Gewalts solle anmassen/wie auch Chrysostomus hierüber meldet/sonder solle auff den befelch vnd ordnung des Herrn sehen. Derhalben die Diener Christi sollen außspenden die Sacramenta/aber nach Gottes befelch vnnd willen/ nicht nach eigner wolmeinung.

Darnach/daß Paulus den Rhat gibt den jungfrawen/1. Corint. 7. Sie sollen nicht heurhaten vmb der gegenwertigen not vnd gefahr willen/ob er schon dessen kein befelch Gottes hab/das thůt er in eusserlichen sachen/wölche freygelassen werden/nicht in dem/so von Gott gebotten/Derwegen es sich gar nicht hieher reimpt/weil diß Sacrament ein sonder Gebott vñ gesetzte ordnung hat. Also auch was das Gesetz der Beschneidung/oder vnreinen speiß belägt/ wölche ordnung die Apostel haben verendert/wissen wir/daß sie solches nicht von jnen selber gethon/sonder auß dem willen Gottes. Dañ es waren dise Mosaische Ceremonien von Gott nicht weitter verordnet/dañ biß auff die zeit Christi/wie er selber spricht: Das Gesetz geht biß auff Johannem. Es war das werck Messie verrichtet/darauff die Ceremonien/ als Figur vnnd Muster haben gedeuttet. Also ist an statt der Beschneidung die Tauff verordnet worden.

Bäpstischen Gegenwurff.

ben. Vnd ob schon zuweilen die Apostel mit den Ceremonien vñ stucken/ so nicht mehr zur seligkeit notwendig waren/ als sie jhr endschafft erreicht/ gedult haben tragen/ so ist es nicht geschehen der meinung/ daß sie in jren vorigen Würden stehn/ sonder daß die schwachen Juden vñ Heyden/ dester leichter gewonnen wurden.

Zuletst/ was den Tauff belanget/ da die Apostel Christi bezüchtiget werden/ als wann sie hetten die form/ von Christo verordnet/ verlassen/ vnnd allein im Namen Christi getaufft/ Act.2.19. das kan mit der warheit nicht bewert werden. Dann Lucas redt nicht an gemeldten orten/ von der form des Tauffs/ sonder historischer weiß begreifft er mit einem Namen Christi/ auch die andere Personen der Treifeltigkeit (per synecdochen begriffen) Es kan niemādt den Son Gottes/ den Gesalbten des Herrn nennen/ ohn den Vatter vñ heiligen Geist/ in denen wercken/ so die gantze Treifältigkeit antreffen/ wie Irenæus schreibt lib. 4. contra Valentinianos: Es werden im Namen Christi drey Personē verstandē/ Christus/ das ist zu Teütsch/ der Gesalbt/ vnnd der Vatter/ so jhn salbet/ auch der heilig Geist/ wölcher ist die salbung. Es müssen zwar vnsere Papisten bekennen/ daß die Christliche Kirch/ den heiligen Aposteln in ordnung des Tauffs hab nachfolgung gethon. Dise aber hat zu aller zeit auff den Namen Gottes des Vatters/ Sons/ vnnd des heiligen Geists getaufft. Derhalben die lieben Apostel auch bey derselbigen form ohne zweiffel werden geblieben sein. Dann wie ein Gott/ ein Glaub/ vnd ein Tauff ist/ also ist auch

Per synecdochen, quæ ex uerbis Christi supplenda est dicentis: Baptisate eos in nomine Patris, & Filij, & Spiritus sancti.

ein

Widerlegung der

ein form der Tauff. Ja wie Ambrosius libro primo de Spiritu sancto, capite tertio/ bekennt/ so ists kein rechte vnnd volkomne Tauff/ sie geschehe dann im Namen der heiligen Dreifaltigkeit/ seittemal Christus solchen befelch zutauffen hinder jm gelassen hat. Vnd ist derhalbē kürtzlich zumelden die gelegenheit/ wann die Apostel fürgeben/ daß etliche seien getaufft worden im Namen Christi/ so wöllen sie anzeigen/ wie der Vatter vnnd heilig Geist/ in der Tauff den verdienst Christi pflege zůzueignen vnnd mitzutheilen. Vnd haben also ab effectu/ von des fürnembsten nutz wegen/ den Namen Christi gebraucht/ Rom.6. Tit.3. 1.Pet.3.

III. Zů dem dritten/ so haben sich vnsere Widersächer die Papisten herfür gelassen/ vnnd wöllen auß der heiligen Schrifft probieren/ daß Christus selbst hab die eine Gestalt zůgelassen/ Es gedencke Johannis am sechsten capittel/ Christus offtermals allein der einen Gestalt/ als namlich: Wer da isset von dem Brot/ der würdt nicht sterben. Item: Wer da isset von disem Brot/ der lebt ewiglich. Hie gedenck ein Christ/ wie sie mit jhnen selbst übereinstimmen/ dañ einmal schreien sie/ Die Kirch habs also geordnet/ wie Latomus an den Herrn Bucerum schreibt mit disen worten: Als die erste Kirch (verstehe der Aposteln vnd jrer nachkömling) noch sey (rudis) vnerfahren oder vngelehrt gewesen/ da hab sie sich nach Christi ordnung/ der beiden Gestalt gebraucht. Aber hernach sey die Kirch von den alten Vättern vnderwisen worden/ daß sie hab erkennen künden/ die beide Gstalten diene dem Priester/ vñ eine dem Layen/ ɛc. Jetz

Bäpstischen Gegenkürff.

2c. Jetzt aber wöllen sie beweren auß dem sechsten Capittel Johannis / daß Christus die eine Gestalt des Sacraments/selbst hab zügelassen. Aber sie solten gedencken/wie Christus Johan.am 6.cap. nicht redet vom Sacrament / sonder von der Geistlichen niessung des Glaubens/das ist/da wir alle zeit Christi Leib vnd Blůt/ja seinen gantzen verdienst/durch den Glauben begreiffen sollen. Dan die Sacramentische niessung beschicht zur bekrefftigung der Geistlichen niessung/so Johannis am sechsten cap. würdt beschriben. Man betrachte doch/wie die Predig Johannis am sechsten cap.ein gantzes jar zuuor beschehen sey / ehe Christus das Nachtmal hat eingesetzt/ vnd wie Christus kein Element des Brots / Johannis am sechsten capittel/will zůlassen/ sonder redet von dem waren Himmelbrot / wölches er selber sey. Aber im heiligen Sacrament / můß das Wort zum Element kommen / so würdt es alsdann ein Sacrament.

Darzů so nimpt man Johannis am sechsten capittel / Christum nicht zum Gericht / wölches aber im heiligen Sacrament beschicht von den vnglaubigen / wie Paulus meldet. Vnnd zwar/ so můß ein glaubiger Mensch / alle zeit sich der Geistlichen niessung Christi gebrauchen. Aber die Sacramentliche zuweil/ als offt jhr esset vnd trincket (spricht Paulus) so thůts zů meiner gedechtnuß. Derwegen die Papisten nicht werden auß disem Capittel/ die eine Gestalt erhalten. Dann wann sie also daran wöllen / so werden sie auß dem vierdten Capittel Johannis auch beweren müssen/ daß im Nachtmal

Widerlegung der

Nachtmal allein zutrincken sey / da er spricht: Wer von disem wasser trincket / das ich jhm gebe / den würdt nicht dürsten. Aber wa wolt es hinkommen mit vnserm Glauben / wañ wir also die H. Schrifft wolten martern / als die Papisten thůn?

Die möchte aber jemandt gedencken / haben doch etliche alte Vätter / sich des sechsten capittels Johannis gebraucht / wann sie vom Nachtmal geschriben haben. Disem einfal zubegegnen / müssen wir kürtzlich wissen / daß sie nicht haben wöllen hierauß die form des Nachtmals nemen / sonder allein anzeigen / daß die Sacramētische niessung / one die Geistliche nichts nutz sey / vnnd haben keins wegs die eine Gestalt hierauß wöllen beweren / von wölcher sie nichts wusten.

IIII. Also geben sie auch fälschlich für / Christus hab zů Emaus mit den Jüngern das Nachtmal gehalten vnder einer Gestalt. Aber sie solten sich besser bedencken / ob auch die verba formalia / das ist / die Wort der einsatzung des Abendtmals / da gebraucht weren worden. Es sagt Christus nicht nach dem Brot brechen / Das ist mein Leib / ꝛc. dardurch er die consecration hette verricht / wölche die Papisten als ein notwendig stuck erkennen.

Darzů würdt das Brotbrechen offtermal in heiliger Schrifft gebraucht für ein gemeine Malzeit / als Esaiæ 58. Thren. 4. Matth. 14. Wie dann auch die vmbstånd hie solches geben / weil es war die zeit des Abendtressens / vnnd geschach solches in einer Herberg / da der Tisch zur Malzeit bereit war. Vnnd zwar hatte Christus allzeit den gebrauch / wann er
essen

Bäpstischen Gegenwürff.

essen vnd trincken wolt/daß er zuuor gedancket/ vnd das Brot getheilt hat / daran sie jhn dann auch erkannten. Ja wann diß solte die form sein das Sacrament zuhalten/ so müste auch volgen/ daß ers Matthei am 14. vnd 15 capittel hette gehalten/ mit dem Brot vnd Fischen/ dañ da wurdt gemeldt: Vnd er nam die siben Brot/ vnd die Fisch/ dancket/ brach sie/ vnd gab sie seinen Jüngern.

Es ist zumal vngeschickt gehandelt/ daß man lasset die helle vnnd klare Wort / darmit Christus sein Abendtmal eingesetzt/ faren/ vnd wöllen auß dem/ so vngewiß ist/ ein bericht erfordern (wie Augustinus contra Petilian. Epist. cap. 10. klagt) da man sonst auß hellen Sprüchen/ die dunckeln zuerklären pfleget. Darumb so verstehet Nicolaus Lyra recht diß Abendtessen zu Emaus/ für ein gemeine Malzeit/ wie auch Vvilhelmus Vvidefordus bezeugt/ vnd Alfonsus de Castro, in opere aduersus Hæreses, libro 6. nichts gewiß weist zu definieren. Vnnd wurdt zwar kein Papist probieren mögen/ daß die alten Väter auß disem obbemeldten Exempel/ oder Text/ haben wöllen die eine Gestalt des Sacraments bestehtigen/ ob sie schon zuweil ein allegoriam vnnd bedeutnuß des Sacraments haben darauß gemacht. Wann Christus hette der Papisten meinung nach/ zu Emaus das Nachtmal vnder einer Gestalt gehalten/ so müsten solches auch die Priester vnder einer Gestalt empfahen/ weil er da mit seinen Aposteln vnd Jüngern isset/ wölches sie nicht zulassen. Vnnd in summa daruon zureden/ so ist es ein grosse

A a   schmach/

Widerlegung der

schmach / die sie Christo anthůn / als sey er so wanckelbar gewesen / was er einmal gebotten / das solte er alsbald selbst wider geendert haben.

V. Dergleichen ziehen sie auch an das Exempel der Apostel / wölche in Geschichten der Apostel / im andern / vnnd im zwentzigsten Capittel / vom Brotbrechen meldung thůn / wölches sie auff die Communion der einen Gestalt rechnen. Da sollen wir aber fleissig betrachten / wie vnsere Widersacher / die Papisten / ein böse sach müssen haben / dieweil sie sich mit duncklen vnnd zweiffelhafftigen Sprüchen der Schrifft schleppen / vnd darmit die klare Satzung vnnd Ordnung Christi / auch helle wort des Apostels Pauli / zuuerduncklen sich vnderstehn. Chrysostomus verstehts vom gemeinen leiblichen essen / wie auch etlich andere. Wer will nun gewiß schliessen / daß sie das Abendtmal gehalten haben? Vnnd ob schon etlich der alten Vätter solches vom Nachtmal verstehn / so beweren sie dannoch nicht darauß die eine Gestalt / wie vnsere Papisten / sonst wurden auch die Priester nach dem Exempel der Apostel vnder einer Gestalt müssen communicieren. Die Papisten halten es für ein Kirchendiebstal / wann ein Priester nur eine Gestalt consecrierte. Derwegen sich auch die Apostel hierinnen vergriffen hetten.

VI. Es würdt auch in Geschichten der Aposteln im zwentzigsten Capittel / dem heiligen Apostel Paulo das Brotbrechen zůgelegt. Nun hat er außtruckenlich gemeldet / er hab vom Herren empfan-

Bäpstischen Gegenwürff.

pfangen den befelch / vnder beider Gestalt das Nachtmal außzuspenden. Daher volgt / weil man nicht für gewiß kan außsprechen / daß diß Brotbrechen vom Nachtmal / oder von gemeiner Malzeit zuuersiehn sey / vnnd doch hierinn vnser Seelen heil vnnd seligkeit nichts entnommen wirdt / so solle man nicht die helle vnnd klare Wort Christi darmit wöllen vmbstossen. Vnnd ob man schon etlichen alten Vättern wolte volgen / vnnd diß vom Abendtmal verstehn / so hab ich vorgemeldt / daß sie dannoch nicht eine Gestalt des Sacraments / sonder beide hiemit gemeinet / vnnd es gehalten für ein synecdochen / wölches ist ein gewöhnliche red / daß man eins nennet / vnnd das ander / so darzů gehört / auch darmit begreifft. Als wann wir hiessen einen Menschen zů vns komen / mit vns zu essen / so würde darbey auch das trincken gemeint.

VII. Zuletst / vnd beschließlich / daß sie fürgeben / es habe dise ordnung der beiden Gestalt im Sacrament / vom Luthero den anfang / wölcher doch jhm selber in seiner Lehr tausentfeltig widerwertig sey / wie auch seine nachkomen in vnzälige spaltungen erwachsen / derwegen einer / so beide Gestalt des Sacraments begere / sein hoffnung vnd trost allein auff etlicher newer vnbestendiger Lehrer falsches anweisen / setzen müssen. Hierauff laß ich ein jeden verstendigen Christen vrtheilen / was für nichtige Gegenwürff diß seien / vnd was für vnuerschampte reden / daß Lutherus seliger / solte ein anfang vnnd erste vrsach / beider Gestalten im Sacrament / den

Aa 2 Layen

schmach / die sie Christo anthůn / als sey er so wanckelbar gewesen / was er einmal gebotten / das solte er alsbald selbst wider geendert haben.

V. Dergleichen ziehen sie auch an das Exempel der Apostel / wölche in Geschichten der Apostel / im andern / vnnd im zwentzigsten Capittel / vom Brotbrechen meldung thůn / wölches sie auff die Communion der einen Gestalt rechnen. Da sollen wir aber fleissig betrachten / wie vnsere Widersacher / die Papisten / ein böse sach müssen haben / dieweil sie sich mit duncklen vnnd zweiffelhafftigen Sprüchen der Schrifft schleppen / vnd darmit die klare Satzung vnnd Ordnung Christi / auch helle wort des Apostels Pauli / zuuerduncklen sich vnderstehn. Chrysostomus verstehts vom gemeinen leiblichen essen / wie auch etlich andere. Wer will nun gewiß schliessen / daß sie das Abendtmal gehalten haben? Vnnd ob schon etlich der alten Vätter solches vom Nachtmal verstehn / so beweren sie dannoch nicht darauß die eine Gestalt / wie vnsere Papisten / sonst wurden auch die Priester nach dem Exempel der Apostel vnder einer Gestalt müssen communicieren. Die Papisten halten es für ein Kirchendiebstal / wann ein Priester nur eine Gestalt consecrierte. Derwegen sich auch die Apostel hierinnen vergriffen hetten.

VI. Es würdt auch in Geschichten der Aposteln im zwentzigsten Capittel / dem heiligen Apostel Paulo das Brotbrechen zůgelegt. Nun hat er außtruckenlich gemeldet / er hab vom Herren empfan-

Bäpstischen Gegenwürff.

pfangen den befelch / vnder beider Gestalt das Nachtmal außzuspenden. Daher volgt / weil man nicht für gewiß kan außsprechen / daß diß Brotbrechen vom Nachtmal / oder von gemeiner Malzeit zuuerstehn sey / vnnd doch hierinn vnser Seelen heil vnnd seligkeit nichts entnommen wirdt / so solle man nicht die helle vnnd klare Wort Christi darmit wöllen vmbstossen. Vnnd ob man schon etlichen alten Vättern wolte volgen/vnnd diß vom Abendtmal verstehn / so hab ich vorgemeldt / daß sie dannoch nicht eine Gestalt des Sacraments / sonder beide hiemit gemeinet / vnnd es gehalten für ein synecdochen / wölches ist ein gewohnliche red / daß man eins nennet / vnnd das ander / so darzu gehört / auch darmit begreifft. Als wann wir hiessen einen Menschen zu vns komen / mit vns zuessen / so wirdt darbey auch das trincken gemeint.

VII. Zuletst / vnd beschließlich / daß sie fürgeben / es habe dise ordnung der beiden Gestalt im Sacrament / vom Luthero den anfang / wölcher doch jhm selber in seiner Lehr tausentfeltig widerwertig sey / wie auch seine nachkomen in vnzälige spaltungen erwachsen / derwegen einer / so beide Gestalt des Sacraments begere / sein hoffnung vnd trost allein auff etlicher newer vnbestendiger Lehrer falsches anweisen / setzen müssen. Hierauff laß ich ein jeden verstendigen Christen vrtheilen / was für nichtige Gegenwürff diß seien / vnd was für vnuerschampte reden / daß Lutherus seliger / solte ein anfang vnnd erste vrsach / beider Gestalten im Sacrament / den

Aa 2 Layen

Layen mitzutheilen/sein/weil doch das Concilium
zů Coſtnitz bezeugt/wie auch Latomus vnnd andere
Papiſten/daß in der erſten Kirchen diß alſo ſey gehalten worden/Derwegen es vnuonnötten iſt/dar-
uon etwas weitters zuſchreiben/weil ſie ſich ſelber
widerlegen/vnd wöllens wir alſo dem Gericht Gottes hiemit beimgeſetzt haben. Aber was die widerwertigkeit Lutheri ſeliger belangt/ſo vnſere Widerſächer zuweil auß ſeinen Büchern ziehen/vnd wöllen
jhn darüber als ein vnbeſtendigen Mann ſchelten/
dann er zuweil den Papiſtiſchen grewel zůlaſt/vnd
an eim andern ort widerſpricht/Da ſollen wir wiſ-
ſen/daß diſer Mann Gottes/Lutherus/ſeliger ge-
dechtnuß/nicht plötzlich/wie Paulus/iſt bekehrt/
vnnd auß dem Bapſtumb geriſſen worden/ſonder
nachdem er den Ablaßkrom/ſo der Münch Deze-
lius genannt/in Teutſchland gebracht/angefochten/
hat jhm Gott der Allmechtig Gnad geben/daß er
durch fleiſſige erforſchung der heiligen Schrifft/täg-
lich in der Warheit hat zugenommen/vnd die Bäp-
ſtiſche jrrthumb/mit wölchen er verhafft war/nach-
einander/mit rechtgeſchaffner buß/hat hingelegt/biß
er endtlich ſich dem gantzen Bapſtumb/auch allen
Rotten vñ Secten/mit grund der heiligen Schrifft/
vnd rechtgeſchaffnem eiffer zuwider geſetzt/vnd zur
Ehr Gottes/vnd nutz der gantzen Chriſtenheit auß-
gefürt hat. Derhalben man die zeit vnnd vmbſtänd
ſeines ſchreibens ſolle bedencken/ſo würdt man ſich
an ſolchem widerwertigen ſchreiben nicht ergern/
ſonder dieſelbige/als dem lieben Auguſtino ſeine Re-
tracta-

Bäpstischen Gegenwůrff.

tractationes, im besten auffnemen. Aber daruon mag man lesen die Vorred des ersten Theils seiner Lateinischen Bücher/ da er selber diser sachen rechten bescheid gibt. Was hernach die Spaltungen belanget/ die sie des Lutheri nachkomnen zůlegen/ vnnd darmit jhre sach vnnd Abgötterey beschönen wöllen/ daruon mag man die Antwort auff den zehenden vnnd acht vnd zwentzigsten Gegenwurff lesen/ vnnd darmit sich benügen lassen. Der Allmechtig Gott vnnd Vatter vnser HERRN Jesu Christi/ wölle vns bey seiner Warheit erhalten/ vnd vnsern Widersächern/ jre Lehr vnd grewliche Abgötterey zuerkennen geben/ vnd sie genädiglich bekehren/
Amen.

Getruckt zů Tübin-
gen/durch Georg Gruppenbach/
Im Jar Christi/ 1574.

www.ingramcontent.com/pod-product-compliance
Lightning Source LLC
Chambersburg PA
CBHW031828230426
43669CB00009B/1270